JN438342

홀로 왔으니

나그네 아닌가

龍雲 2集

홀로 왔으니 나그네 아닌가

정 범 식 시집

여보게 친구! 외롭다는 말 하지 말게나 홀로 왔으니 나그네 아닌가
천년만년 살 거라고 외쳐본들 겨울비 여러 번 스치고 지나면
두 어깨 움츠리기 마련임에 오금 붙고 뼛속 시려오는 걸
그러게 뭐라고 했는가 우리넨 천상, 나그네 아닌가

도서출판 천우

● 시인의 말

저 홀로 왔다가, 저 홀로 떠나가는 우리네 인생!

사실, 돌이켜 보면 너무도 짧은 삶이기에…

호숫가에 주저앉아서 동동주 한 잔 들이키고 나면, 길을 나서야 하는 나그네이기에 인명호피(人名虎皮)의 이름 석 자라도 남기길 원하지만, 그것도 허울 좋은 명예요 아무것도 없는 허공을 떠도는 공(空)이지요.

그러함에도, 세월은 결코 저 혼자 가지 않습니다. 둘도 없는 죽마고우(竹馬故友)처럼 한사코 함께 동행하길 원하면서도, 결국엔 한 치 앞도 보이지 않는 안개 속을 지나 눈보라 휘몰아치는 겨울만 무심(無心)히 던져주고는, 원점인 듯 또다시 그 자리에 서 있게 하지요.

처음만 있고 마지막은 없길 바라지만, 동지섣달 하룻밤 같이 한낱 미물(微物)에 불과한 우리네들!

그러나 부디, 썩어가는 고인 물은 되지 마시고, 개울 따라 강물 따라 바다로 마냥 흘러가다 보면 화력 좋은 불쏘시개라도 되어 있을른지…

그 누가 아나요!

2008년, 개나리 만개한 예천 소노골 골짜기에서

용운(龍雲) 정범식

제3부__ 거리의 풍경화

제1부

나그네들아

그냥 가시구려

나그네들이여!
부디, 무심히 그냥 가시구려
한 걸음 한 걸음 조심하면서 그냥 가시구려
우리네 인생 한낱 미물인 거
지나고 나면 꿈처럼 허망(虛妄)한 거
있어도 없는 듯 변변찮은 거
그리도 찾던 이름 석 자와 명예
세월 앞에서는 그저 공(空)일진대
이왕이면 잡풀 하나 건드리지 마시고
발자욱조차 남기지 않은 채 그냥 가시구려
마치 처음인 양 아무도 지난 적 없는
언제였던가 하는 기억들
어차피 아무것도 없었던 거외니
무시하시고 사뿐사뿐 그냥 지나치시구려
나그네들이여!
그저 그렇게, 말없이 그냥 가시구려

홀로 왔으니 나그네 아닌가

여보게 친구!
외롭다는 말 하지 말게나
홀로 왔으니 나그네 아닌가
천년만년 살 거라고 외쳐본들
겨울비 여러 번 스치고 지나면
두 어깨 움츠리기 마련임에
오금 붙고 뼛속 시려오는 걸
그러게 뭐라고 했는가
우리넨 천상, 나그네 아닌가

여보게 친구!
너무 높은 곳 올라가지 말게나
시야 흐려지고 무릎 삐걱거리면
내려오기 힘드이
재잘거리던 새장 속의 앵무새도
기별 없이 저 홀로 눈감듯이
제아무리 죽마고우(竹馬故友)라 할지라도
마지막 여정만은 어쩔 수 없지 않은가

여보게 친구!
그러하건데, 습관처럼 익숙해진
"(밤새) 안녕하신가?" 우리네 인사

맞다네! 바로, 그러하다네!
눈뜨면 현생(現生)이요
눈감으면 사자(死者) 아닌가
정녕, 그러함에
외롭다는 말만은 하지 말게나
홀로 왔으니 나그네 아닌가

나그네들아!

나그네들아!
어디로 가고 있는고
뜻대로 아니 온 세상
짧디짧은 동지섣달의 하룻밤 같은 삶
몇십 바퀴 구르고 또 굴러보지만
돌아보면 원점인 듯 또 그 자리에 서 있고
그러게, 기껏 다람쥐인 양 쳇바퀴만 도는구려
짙은 안개 속 너무도 깜깜한 밤
어디로 가야 할지 방향조차 잃어
깊은 산중을 헤매고 헤매이다 보니
철 지나 살 가르는 찬바람 불어오고
무싯(無市)날* 우두커니 홀로 서 있다가
한낱, 대지의 밑거름이나 되어야 할진대
굳이 고인 물 만나지 아니하더라도
어차피 이런저런 이유로 병들고 썩을 것을
나그네들아!
처음만 있고 마지막은 없어도 좋으련만
가야 할 그 끝은 진정 어디쯤인고

* 장(場) 서는 날인데도 서 있지 않은 날

무심(無心)

쾌락의 탯줄에 걸려
몹시도 설쳐버린 삶
지금에라도 고개 숙이려 하건만
얽히고설킨 매듭들
풀어헤칠 일 까마득하네만
하염없이 비어가는 가슴엔
돌아보기도 민망스러운 것들만
청천벽력(靑天霹靂) 되어 가로막아
그나마, 남아 있는 것들도
하얗게 변색되어 가거나
제 스스로 알아서 비켜 가니
허허! 이젠,
잡을레야 잡을 것 없음에
무심(無心)만 있을 뿐…

외로우면 떠나라

외로우면 떠나라
세월이 그댈 잊은 탓!
뒷산을 수놓은 철쭉꽃도
오직, 오월 한 달이라 했거늘
제철 지나고 나면
오가던 눈길 사그라들기 마련인 것
폭풍우 지나
벌건 햇빛 한풀 꺾기고
휑한 바람 불어오는 날
공연히 무섭 찾아오기 마련인 것
그제서야 홀로인 걸 알게 되고
사막 같은 삭막함 다가와
허무(虛無)만 흩날리게 되는 것
그러면 외로워지는 것
외로우면 떠나라

오십 줄에 갇힌 영혼

눈가엔 눈물 말라가는데
가슴속 깊숙이 흐르는
이 뜨거움은 어떤 의미?
아픔인데도 느낄 수 없고
슬픔인데도 도무지 알 수 없어
몰래 내 안에 숨어든 넌,
거짓을 훌러덩 둘러 입은 강정
윤칠월의 장맛비 타고서
온 동네 휩쓴 홍수 비집고 온 넌,
진정코 나의 일부일진대
오래전부터 퀴퀴히 썩어왔음에
내가 알지 못하는 또 다른 나
결코, 도려낼 수도 없고
스스로도 다스릴 수 없는
오십 줄 속에 갇히어버린
고칠 수 없는 속물
변질되어 버린 이내 영혼

그림자

내 곁에 네가 있으니
난, 외롭지 않아
기쁘거나 즐거울 때도
언제나 곁에 있어주었고
힘들거나 외로울 때도
꿋꿋이 날 지켜주었어
한때 내 삶에 취해
잠시 널,
잊고 지낸 적도 있었지만
아니 오히려 그런 날들이
더 많았던 것 같애
미안해
정말 미안하게 생각해
그래도 결코 넌,
내 곁을 떠나지 않았어
알아! 진정코 넌,
둘도 없는 죽마고우(竹馬故友)란 걸
내 삶의 전부이자 유일한 넌
미완성의 또 다른 나

고목(古木)

너무도 힘에 겨웠을까
인고(忍苦)의 세월 버티다가
몇 날 며칠 깊은 상념에 잠기더니만
새싹 하나 발아래에 고이 내려놓고선
곁가지마다 걸친 옷들 다 벗어 던지니
지나간 영광(榮光)이야 있건 없건
허망(虛妄) 앞에서야 옛일이고 보면
고목(古木)된 지금을 그 누가 알리오
사슴벌레며 딱따구리마저 보금자리 떠나고 나면
서늘한 산들바람에도 뼈마디 쑤시고
촉촉한 이슬비에도 손발 시려지기 마련이니
그려! 그나마 마지막 할 일 하나 남아 있으려니
서슬 퍼런 도끼날에 잘게 잘게 쪼개어진 채
어느 가난한 농부 집 처마 밑에서 잠시 쉬었다가
대한(大寒) 지나 늦추위 기습하는 날
사랑방 불쏘시개라도 되어줌이 어떠하시겠나
부디, 그렇게라도 하시게나

청춘

가진 거,
청춘밖에 더 있나요
모조리 태우고 가시지요
어차피 사라지는 거
애지중지해도 저 홀로 가버리는 거
흘러가면 남는 거 없는 거
찌꺼기 하나도 남김 없도록
훌훌 태우고 가시지요
이른 봄 논두렁 쥐불 놓듯이
까맣게 까맣게 다 타고 나면
춘삼월 따스한 햇볕 그리워
파란 싹 꼬물꼬물 나오게 마련이지요
가진 거,
그 청춘밖에 더 있나요

등산

산마루 맞바람이
가슴 벌리라 한다
숨도 고르라 한다
그러나, 무심코 올라간 곳 그곳은
천길만길 낭떠러지 끝이거늘
뒤돌아보지 말라 한다
유유자적 올라왔으니
내려갈 생각일랑 아예 말라 한다
너무 늦었으니
돌아갈 필요도 없다 한다
그 자리에 풀썩 주저앉아
소소리바람이나 안고서
얼얼해오는 두 볼
그렇겠거니 하면서 맞으라 한다
들어줄 이 아무도 없으니
소리치지도 말고
그 누구도 알 수 없게끔
조용조용 있으라 한다

세월

혼자 가기엔 외로워
우리 모두
함께 가야 한답니다

도무지 모를 그대는
막무가내로 매달려서는
한사코 함께 가야 한답니다

인연이기 이전에
천륜인 까닭이라서
어쩔 수 없이 함께 가야 한답니다

그러는 그댄 누군고 물었더니
그림자보단 조금 더 가깝고
영혼보단 조금 먼 사이인
세월이라 한답니다

큰처남 먼 길 떠나던 날

그렇게 서두를 것까지야…
그대 중천 떠나던 날
하늘도 종일토록 슬피 울고
그러게, 공수래공수거(空手來空手去)인 거
잊고 사는 것이 우리네의 삶일진대
아무렴, 이제서야 무(無)로 돌아가는구려
연화장 들어서는 길가에는
그대 보는 듯 색 바랜 잡초들만이
삶을 다했는지 어지럽게 무성하고
한 줌의 재로 환생할 불길 속의 이글거림은
한낱 여유로움 되어 즐기는 듯하건만
존재의 의미는 굳이 덮어둔 채
알듯 모를 듯 남은 자들의 끝없는 침묵 뒤엔
그대 흔적을 지우기 위한 눈물만이 난무하고
돌아오지 못할 이 길이, 정녕 내가 아니길
소용없는 바람만 유유자적(悠悠自適)하구려

— 임오국 氏를 추모하며

만추(晩秋)

초승달도 눈이 부셔
그믐이라 하는 날 밤
우리 함께 홀연히 가자 했는데
뜨락의 귀뚜리 울다 지쳐
목메어 잠들 즈음에
고요조차 눈치 챌 수 없게끔
사박사박 떠나자 했는데
여태까지 머뭇거리는 그댄
혹 지난날,
발그스레 물들어가는 낙엽에다
만추라는 두 글자 아로새겼던
그 약속, 그 미련 때문인가요
아니지요 그런 게 아니지요
그런 그대는 거짓부렁이
치매(癡呆) 걸린 양 가장하고선
머언 옛날이야기인 것처럼
사라져갈 떠돌이였음을
우리 모두 알고 있는데
정녕 그러하건대

정자(亭子)

가파른 절벽 위
찾는 이 없는
쓰러질 듯 낡은 정자 하나
어쩌란 말이냐
갈 곳 있을 리 만무한데
쓰러질 듯 누운 노송(老松)도
내게 기댄 채
오수 즐기고 있고
갓 새싹조차도 품 안에서
곤히 잠들어 있는데

어쩔 수 없이, 그냥
절벽에 찰싹 들러붙고 말았다

잡초

향기!
전혀 없지요
아름다움!
상상도 못하지요
운치!
그런 것은 정말 모르지요
무관심할 수밖에요

쳐다보는 이!
도무지 없지요
아는 척!
더더욱 안 하지요
외로울 수밖에요
아무렴!
그러니 삼류 시인이지요

간이역 그 벤치에서

청춘이 사라져갈 어느 즈음에
우연히 널 알게 되었지
담장 따라 길게 모란꽃 피우던 그해에는
수많은 사람들이 찾아들었고
그중에는 묘한 눈빛으로
서로를 갈구하던 연인(戀人)도 있었지
언제부턴가 나락으로 추락하기 시작한 넌,
다가올 그들의 이별을 모른 척했고
무성한 잡풀 사이로 시뻘건 녹 뒤집어쓴 채
이내 가슴 울리는 연민으로 다가왔지
그 옛날 오만함은 간데없고
측은한 외로움에 치를 떨면서
여미는 미풍에도 속절없이 무너져갔지
그런 너의 뒤안길에서
낯선 모습 하나가 슬며시 다가옴에
소스라치게 놀라 한발 물러섰지만
그것은 이내 머지않아 다가올
피할 수 없는 자화상임을 깨닫고는
허공만 하염없이 바라보고 말았지
다시 찾은 간이역 그 벤치에서

부처 손바닥인 것을

부처 손바닥이 과연 얼마나 클까요?

젊은 날, 엉뚱하게도
이게 참으로 궁금했었지요
그러함에, 많은 사찰과 불자를 찾아다녔고
그때마다 같은 질문을 했었지요
피식 웃거나 시원한 대답 없더군요
미친놈으로 안 보면 다행이지요
그러다가 배낭여행 중 낙산사 들른 적 있었지요
따스한 햇볕 아래를 지나는 한 노승을 발견하곤
별 기대 없이 같은 질문했지요
“젊은이가 밟고 있구려” 하더군요
참으로 싱거운 대답이었지요
세월이 흘러 오십 줄에 들어선 지금에 와서
그 말씀, 참으로 명언인 걸 알았지요
삶의 진실을 모르쇠한 중생
너무도 작아 존재조차 없는 한낱 미물
코끼리 엉덩이에 붙은 파리와 같이
부처 손바닥 위에서 살아가고 있음을…

고추잠자리

저마다의 가을걷이에
황금벌판 텅 비어가고
때 이른 무서리 저 홀로 남아
추위에 으스스 떠는데
눈망울 커서 슬픈 넌
정오의 따스함 그리워
담장 곁 장독대 위 애써 찾아보지만
미풍(微風)에도 힘에 겨운 듯
날갯짓 파르르 너무도 안쓰럽구나
쫓기어가는 육체야 그저,
구름으로 바람으로 떠돌다가
산모퉁이 돌아 양지바른 곳 찾아
흙으로 돌아가면 그만이겠지만
복받쳐오는 이 서글픔은 어찌할거나
그 누가 위로해 줄꼬
눈시울조차 앞 가리우니
어드메로 갈꺼나
어드메서 반겨줄꺼나

3월의 햇살

아따, 여보게들!
따스한 3월의 햇살 아래
몽롱하게 찾아드는 오수 어떠한가
겨우내 긴긴 잠에서 깨어난
백목련 한 아름 따서
툇마루 한가운데다 푹신푹신 깔아놓고
장날 받아두었던 쌀 막걸리 걸치면서
창공에 날아든 종다리의 지저귐 듣노라면
이보다 더 행복함 그 어디에 있을까만은
이제 막 파르르한 새싹들이야 저희들 팔자!
서산 건너다 말고 멈춘 노을은
굳은 얼굴 벌게지도록 크게 웃고 있으려므나
보잘것없는 이 몸은 그저,
솔솔하게 숨어든 오십견이나 훌러덩 둘러메고
3월의 햇살 가득 채워놓은 채
핏기 잃어가는 등가죽이나 데울까 하네

공원으로 떠난 나그네

절친한 친구 있었지요
어쩌다 삶에 쫓겨 잠시 멀어졌지만
서로가 다 이해할 거라고 생각했죠
살아 있으면 언젠가 만나겠지 했죠
여러 번 통화도 시도했지만
늘 그 부인이 전화를 받았고, 그때마다
"연락 드리라 할게요!"라고 하더군요
그러나, 소식 없더군요
야속하다 생각했기에 어렵게 찾아갔지요
"떠난 지 오래되었다" 하더군요
어디로 갔냐고 물어도 대답 없구요
오로지 처자식밖에 모르던 그 친구
뭇, 세상 남자들 모범답안이었던 그 친구
그런 놈인지 몰랐지요
그렇게 세월 흘러 어느 날,
우연히 근교 공원에 간 적 있지요
먼 길 떠난 영혼들 참 많더군요
그 친구 야속하게도 거기에 누워 있더군요
우연치곤 너무도 기막힌 우연이지요
이렇게 만나야 할 인연이었던가 봅니다
영영 돌아올 수 없는 나그네 되어…

행복이란

못내 아쉬웠던 지난 일들
까마득히 잊혀지게 하는 마약인 거

끝내 미련 떠오를 땐
어쩔 수 없는 그리움의 중독인 거

주체하기 힘든 슬픔인데도
한발 빼고 뒤돌아 있음을 보노라면
나와 아무런 상관없는 듯한 먼 산인 거

코앞에 있음을 느끼고
이제는 "행복하나이다" 라고 외칠라치면
어느새 계절을 다한 산 뿌리 끝을 돌고 돌아
먼 곳으로 사라져가는 매정함인 거

이름 없는 무덤

거기 누워 계신 분은 누구십니까
말씀 낮추세요
제가 조카뻘이라우

그 옆 무성한 수풀 쓴 자넨 누군고
예끼 이놈!
버르장머리 없는 것 같으니
네 고조할애비란다

듬성듬성 갓 잔디 심은
거기 묘는 누구 것입니까
아! 이건,
머지않아 잠자리 들어야 할
그대의 안식처라우

땅벌과 아이들

코스모스 꽃 향기
달콤한 애무 너무도 좋아
끝없는 쾌락으로 빠져드는데
영락없이 지나던 아이의
검정 고무신에 걸려들고
화려한 세상살이 어이없게도
빙빙 돌려지고 또 돌려지고
몽롱함에 지쳐갈 즈음
한 치의 망설임 없이
냅다 땅으로 패대기쳐지는데
어쩌란 말이냐, 이를
한순간의 에로스(Eros)는
이렇듯 덧없이
깔깔거리는 아이들의 웃음 속으로
허무(虛無) 되어 사라지더라

철길을 걸으면서

눈물이 그토록 아름답게 다가왔던
그 어느 청춘 즈음,
내 삶을 다 주어도 아깝지 않을
미련 한 다발 포근히 안긴 적 있었습니다
지금은 그 어딘가에서
달콤한 향수에 젖어 있을지 모를 일이지만
밤이 새도록 함께 걷던
기차가 사라진 그 철길 위에는
눈이 부시도록 수많은 별들이 쏟아졌고
행복이라 믿었던 그러한 바람들은 결국,
어느 것 하나도 주워 담지 못한 채
이제는 피할 수 없는 외길에 서서
한여름에 축 늘어진 녹화 테이프처럼
재생 불가능한 끝물임을 알기게
오지도 않을 설레임을 기다리기보다는
혹, 또 다른 NG라도 있을까 봐
오랫동안 간직함에 텅 비고 만 쭉정이들을
내 생애만큼이나 녹슬어버린 이 철길 위에다
하나씩 하나씩 내려놓을까 합니다

젊다는 것은

젊다는 것은
영혼은 숨어 있고
벌거벗은 육체만이 보이는 것

젊다는 것은
유유자적(悠悠自適) 세월에 이별하고
잘 가라 잘 가라 하는 것

젊다는 것은
너나 할 것 없이
다시 못 올 세월을 잠시 보관하는 것

젊다는 것은
뒤돌아보면 이미 늦은
붙잡아둔 노년을 순식간에 맞이하는 것

백양사

울창한 비자나무 숲속에
도토리 품은 갈참나무 간간이
오색 아기단풍 몸짓 살랑살랑 황홀해
부처인 양 근엄한 대웅전 앞 보리수
객(客)들 흐르는 땀 감추기에 여념 없고
오랜 세월 버티었을까 낡은 설선당은
참나, 생사, 허탈함에 "이 뭐꼬" 하는데
수백 년 이팝나무 속살 드러낸 채
비스듬히 허리 굽혀 머리 조아리니
고행 길 그리 멀지 않아 보이는구려
우화루에 걸터앉아 댓잎차 한 잔 띄우니
공양소 안 옹기 숫자만큼이나 널린 외로움들
꿀인 양 사르르 녹아들고
부도밭 앞 잔잔한 연못에
움켜쥔 못난 마음이나 내던지고 갈까 하려는데
불자의 가르침인 '망아(忘我)' 때문이련가,
쌍계루가 먼저 대칭되어 풍덩 뛰어들메
길 재촉해야 할 이 몸뚱아리는
그 황홀함에 나그네인지도 잊고 있구나

샹제리에 거리*의 풍경화

플라타너스 잎새 그리워
낙원의 뜰 샹제리에 거리를 걷는다
개일 듯하다가는 두 어깨 촉촉이 적시고
지중해의 따가운 햇살인가 싶으면
칙칙한 어둠 잔득 몰려오는데
저마다 우산 하나씩 받쳐 든 채
짙은 향수 풍기며 부딪치는 사람들
뱀파이어인 양 그저 무표정, 무관심하다
그 이유 알 만도 하다마는
어디에선가 흐느적거리는 샹송은
하나인 양 늘어선 석조 건물들과는 빗대고
오색찬란한 불빛에는 어울리듯 하다마는
촉촉이 젖어가는 무드에 밤이 한없이 빠져든다
문득,
빗물 떨어지는 어느 영화관 처마 밑에서
〈퐁네프의 연인들〉의 한 장면인 양
파르르 떨면서 흐느껴 우는 흑인 아가씨
그 사유 무엇일지 알 필요까지야 있겠냐마는
화려한 삶 뒤안길엔 언제나
굵은 서글픔이 감춰져 있는 법
서러우면 속 시원하게 펑펑 울어야지 암!
거리 끝 모퉁이 카페엔 커피 향 짙고

길 건너 엘리제궁 숲 속에서는,
이름 모를 새들 저마다 제짝 찾기에 열중인데
'잠옷 바람으로 회랑을 거닐며,
왕을 만나는 상상을 좋아하지 않는다' 는
샤를르 드골의 영혼이 머물다 간 여기!
화려하고 역동적인 삶을 살았다는 그는
이미 잊혀지고 있는 과거사가 되어버렸고
비록 이렇듯 빈약한 중생이건만
샹제리제 거리에서 생을 즐기고 있는 이 몸을
그는 아는지 모르는지…

* 프랑스 파리의 세느강변 근처의 중심가

세느강*변을 거닐다 문득

세느강변을 거닐다 문득,
어스름해져 다가오고 있는 널 보고 있지
침묵을 앞세워 서서히 오는 넌,
고양이 같은 큰 눈 가느다랗게 뜨고
내가 알아차릴까 봐
분명코 입 굳게 다문 채
커다란 플라타너스 나무 뒷쪽으로 숨고 숨어
쥐 죽은 듯 살금살금 오고 있는 널,
이미 난 눈치 채고 있었지

세느강변을 거닐다 문득,
아주 오래전 내 어머니 뱃속에서 들었던
가장 편안한 자장가로 위장한 넌,
강변의 가장 후미진 벤치에서
마지막 휴식을 취하고 있는
어느 노부부의 쓸쓸한 미소 뒤로 감추고 감춰
당당하게도 기필코 찾아오려 하는 널,
이미 난 예전부터 알고 있었지

그래 너는,
어찌어찌 내 주위를 계속 맴돌고 있거라
난 최후로 남은 단 일 분이라도

하고픈 내 할 일이나 할 테니
그래 너는,
그렇게 나를 계속 위협하고 있거라
나는 내 발자취 하나 남기려 몽마르뜨 언덕에서
마지막일지 모를 내 초상화나 그리고 있을 테니
이왕이면, 근사하고 멋지게 화장하고
상제리제 거리 명품 가게에서 비싼 옷도 입어보며
네가 보는 앞에서 가장 화려하게 널 맞이하지
이 목숨이 다한 그날에야 겨우 사라질
아주 못된 널 위해서…

* 프랑스 파리를 가로지르는 강

몽마르뜨* 언덕

밤을 밀어내는 백야*의 시간
휘황찬란한 조명 밝힌 몽마르뜨는
환락가의 창녀 되어 시들시들 웃고
지나는 남정네들 유혹해 보지만
화려했던 물랑루즈는 이젠 옛말 되어
빛바랜 그 모습 너무도 쓸쓸해
언덕이라 하기엔 너무도 나지막한 그곳에
생계를 위한 달동네 차려놓고
덥수룩하게 수염 기른 무명 화가들
저마다 고흐, 피카소, 마네의 흉내 내지만
호기심에 그려보는 초상화엔
그 어디에도 그들의 혼 보이지 않아
차라리 회전목마 앞 호객 행위에 열중인
흑인들이 더 성실한 것 같음에
상한 맘 뒤로하고선 언덕 위에 걸터앉는데
멀리 보이는 야경에 넋 빼어놓다가
구릉지 잔디밭 구석구석에
한 몸인 양 뒤엉킨 남녀 쌍쌍들 눈총에
샤크레쾨르 성당 종소리 뒤로하고선
여기 어딘가 남겨놓을 법한
〈아밀리에〉의 한 장면 남아 있을까 싶어

언덕 아래 풍차카페나 찾아나선다

* 몽마르뜨 : 프랑스 파리에서 제일 높다(?)는 나즈막한 언덕.
* 백야 : 프랑스에서의 여름철 백야현상은 대략 밤 10시 전후까지 계속되며, 하얗게 밝은 현상이 오랫동안 지속됨.

융프라우요흐* 정상에서

어쩌란 말이냐 난,
천국인지 지옥인지 모를 이곳에
살아 있는 거라고는 아무것도 없고
하늘이라 하기엔 낮고
땅이라 하기엔 너무 높아
구름조차도 발아래인 것을
까마득히 깊은 계곡엔
깎아지를 듯 폭포 수직으로 절명(絕命)하고
그 끝 어디인지 모를 낭떠러지엔
천길만길 빙하가 숨통 끊어놓음에
도대체 융프라우의 젊은 여인은 그 어디쯤 있을지

어쩌란 말이냐 난,
뼛속으로 파고드는 이 추위에 떨고 있는데
발끝부터 손끝까지 꽁꽁 어는 동토인 여긴
오직, 거세게 몰아치는 바람과
눈부셔 실눈 뜨고 서 있는 이 한 몸뿐이니
그러게, 차라리
멀리 보이는 브리엔즈(Brienz) 호수에 숨어
백설공주와 알콩달콩 살 일이지

어쩌란 말이냐 난,

플라토 전망대에서 바라본 이 어울림에
분명코 선명하고 황홀한 수채화를 그리며,
몽롱한 환상 속에서 허우적거리다가는
어차피 넋이나 한 다발 빼놓고 갈 건데
삶의 의미마저 집어던지고 갈 건데…

* 스위스 인터라켄에 위치하며, 'Jungfrau'는 '처녀,' 'Joch'는 '봉우리'라는 뜻으로서 처녀봉(해발 4,158m)을 의미함.

정선 5일장*

구멍 뚫린 하늘 뚝 터지던 날
인산인해(人山人海)가 요란하지 않은
산골 정선장은 그렇게 소박하게 열리고
북, 꽹과리 장단에 신명 나는 공연이건만
오랜 세월 눈물로 지새웠을
아우라지 처녀귀신 납시었을까, 아님
일상에 지친 맘 달래려
이렇듯 먼 길 나선 탓일까
흥겨워야 할 그 가락들은
오늘따라 구슬프게 와 닿는데
구수한 장터 냄새에 못 이기는 척
무거운 발길에 고픈 배 주저앉히고는
옥수수 막걸리 꿀맛인 양 연거푸 들이키니
포근하고 마음씨 좋은 할매
전병이며 수수 부꾸미, 메밀 부치미에다
묵은 김치 얹은 도토리 묵 한 사발 그득 대령이오
허기 때우고, 취기 다소곳 오르매
어디에선가 귀에 익은
철썩철썩 떡메 치는 소리 장터 휘어잡고
다래 순, 곤드레, 취나물, 두릅, 곰취, 당귀 순
산나물들 지천으로 널리고 널려
언젠가는 내 고향에서 소일거리 삼을

대바구니에 낫, 쇠고랑도 낯설지 아니한데
에라, 모르것다.
이래도 한세상 저래도 한세상
되돌아갈 길 굽이굽이 머언 오륙백 리에
성가신 육신 덩어리 차라리,
첩첩산중 여기다 묻고 감이 어떨까 하오

* 매월 2일, 7일에 열림

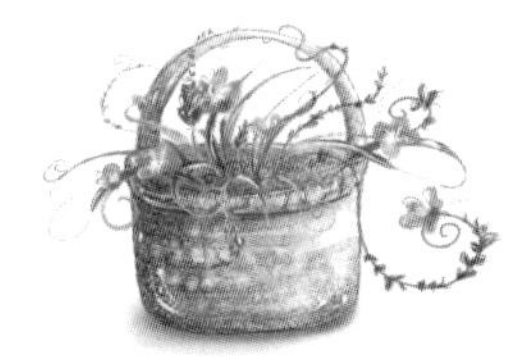

회룡포* 전망대에서

떠돌이 나그네 되어 장안사에 들르려니
저승사자련가!
짙은 안개 이내 길 가로막음에
가파른 초행길에 지척조차 분간키 어려운데
어렵사리 들어선 계단 올라서고 보니
천길만길 낭떠러지에 숨찬 허파 어쩔 줄 몰라
솔잎 사이로 아침 햇살 비집는가 싶더니
이승의 문인 듯 세상 열리어가고
홀연! 펼쳐지는 무릉도원 같은 섬 하나
흐르는 듯 유유자적(悠悠自適) 푸른 물길은
눈부시도록 하얀 비단 겹겹이 걸친 채
수천 년 묵은 능구렁이 되어
늦가을 재촉하는 가랑비에도 잠길 듯
소녀인 양 여린 의성포 휘감고서는
건방진 세상사 호령하듯 포효(咆哮)하는데
느닷없이 오던 길로 굽이치는 그 마음 나도 몰라
아르방 다리* 그림자 빗댄 내성천은
외로움만이 가득 안은 채 한가롭고
저렇듯 찾는 이 하나 없는 탓이런가
제 딴에는 나그네 맘 위로하려 드는구려
정자 기둥 의지한 채 넋 놓고 있으려니
제 너머 산들바람에 등줄기 땀 식어가는데

또다시 되살아나는 수많은 번뇌(煩惱)들
거기!
귀청 따갑도록 재잘거리는 수많은 산새들아
걱정 근심이 무에냐 할 일조차 없는 듯하니
돌아서는 나그네 발길 가벼이 해준다 셈치고
이내 영혼, 이내 육체 물고 가서
그대들 먹잇감으로 때우는 건 어떠한고

* 예천군 용궁면 낙동강변에 위치
* 일명 뽕뽕다리라는 뜻의 공사용 철판으로 만든 간이 교량으로서, 주로 공사장에서 쓰는 말

선운사

단풍나무 고목 끝 돌담길 길게 돌아
사천왕문 들어서고 보니
분홍색 한복 곱게 차려입은
주인인 양 백일홍 수줍게 반기고
지난 세월만큼이나 빛바랜 대웅전
언제쯤 용(龍) 되어 삼라만상 아우르려나
새벽녘에 깬 범종은 이제 막 잠에 들고
꼬질꼬질한 이내 영혼 아는지 모르는지
자애한 만세루 보살
말동무나 할 겸 차 한 잔 하고 가라는데
저마다 세상만사 수많은 업보들
처마 끝마다 주렁주렁 매달리고서는
지나는 산들바람에도 가냘프게 울고 울어
스치듯 여기에 온 이 중생조차도
영원히 만날 수 없어 상사병 앓는
꽃 무릇의 그 애틋한 마음 알듯도 하다만은
이룰 수 없는 연(煙) 기다릴 게 무에냐
차라리, 보슬보슬 봄비에도 뚝뚝 떨어지는
선운사 뒤뜰 동백꽃이나 되어볼꺼나

제2부

카푸치노 한 잔에 취해

난 나를 사랑하지요

언젠가 난, 나에게
당신을 사랑한다고 고백한 적 있었지요
녹록지 않은 삶일지언정
그래도 난 당신에게
이 사랑 믿어달라고 했었지요
눈이 오나 비가 오나 난 당신에게
세상이 설령 다 사라진다 할지라도
언제까지나 함께하겠노라고 맹세했었지요
'선최선후최고(先最善後最高)' 의 서약도 했었지요
세월이 흐르고 흘러
신혼 같던 설레임도 다 사그라져가고
피할 수 없는 그날은 쉼 없이 다가오는데
당신과의 그 약속 너무도 소중하기에
정녕 난, 당신을 위해
새벽이라는 적막한 이 시간조차 애지중지 되어
이렇게 한 편의 삼류 시를 쓰고 있답니다

카푸치노 한 잔

또 하루가 사르르 숨 거두려 하고
저녁노을이 피곤으로 엄습하려 할 때
난 널,
깊은 숲 속의 백설공주보다도 더 귀하게 여기며
내 낙원 속으로 황홀하도록 초대해 주지

공허한 외로움이 어둠 되어 몰려오고
삶마저도 의미 없는 슬픔으로 찾아오려 할 때도
난 널,
〈애인〉이란 영화의 여주인공보다도 더 사모하며
아스러지도록 내 가슴속으로 꼭 품어주지

오늘 밤처럼 내 창가에
뾰얀 성에 되는 보슬비 내릴라치면
난 널,
학창 시절 우산 하나 던지듯 안겨주고 달아나던
어느 여학생의 묘한 감정으로 여기며
감미로운 내 입술로 살그머니 보듬어주지

그래,
내가 널 보면서 즐거워하는 이유는
너의 향기와 아름다움에 취한 때문이고

주체할 수 없는 내 욕정 숨길 수 없음이겠지
아니지,
내가 이리도 널 느끼며 흠모하는 것은
네가 날 너무도 유혹하기 때문이었고
내 오감을 자극함에 참을 수 없기 때문이었지
그러는 넌, 분명코
진하디진한 카푸치노 한 잔 속에 숨어버린
하얀 거품 속의 마약
헤어날 수 없는 백색의 마약이지

시골집

문명!
그 편리함을 뿌리치고
허접한 인연의 가지 잘랐더니
넉넉한 인심에 아늑함이
소소하게 찾아들더라
투박하고 까칠한 손길
조금은 당황스러워도
결코, 뿌려치지 않음에
오히려 먼저 다가와 안기더라
가끔은 외로울 거라고
어쩜 고독하기도 할 거라고
그러나 고요함이 있어
지금은 너무너무 좋다 하더라

그는 지금, 시골집과
마지막 열애 중이라 하더라

미련

머물렀던 그 자리에
두고 온 희미한 응어리 하나
싸늘히 식어간 먼 뒤안길엔
언젠가는 후회할 걸 알면서도
하얀 가슴만 태우고 만
지울 수 없는 까만 흔적 있어
불현! 이제 와서라도 크고 새지 않을
신비의 바구니 하나 장만하고선
세월 속에 묻혀버린 그 애틋함을
차근차근 주워 담아야 했을 거라고
갓 옹알이하는 아이마냥
흘러내리는 침 어쩔 줄 몰라 하면서도
칠칠맞게 저 홀로 한 가슴앓이를
활짝 열어야 했을 거라고 후회 들지만
혹! 그것보다는 조금 덜 아파하고
견우직녀보다도 더 애절해도 좋은
또 다른 설레임이 찾아들까 싶어
애끓는 미련만 휘젓고 만다

신남 소양호 선착장에서

새벽안개가 굶주린 채
까맣게 탄 육신을 부둥켜안는다
호수인지 땅인지 분간키 어려운 여기엔
계곡 끝에 걸린 휑한 바람 소리와
모래섬에서 삐거덕거리는 물살 소리뿐
어린 고라니 한 마리가
이 넓은 소양호를 건너다가
많이 지쳤음에도 되돌아가는 것은
세속에 귀 멀고 마음 얼어붙은
보잘것없는 이 삶을 본 것이리라
멀리, 국도를 힘겹게 달리는 저들은
어느만큼의 고귀한 생명일지 알까만은…
이내 영혼엔 이미,
매연에 찌든 시커먼 무서리가 내리고
이를 눈치 챈 영구차들은, 벌써
환한 웃음 지으며 앞 다투고 있더라

달팽이의 삶

뒷동산의 달팽이 한 마리가
나무 밑동의 갓 싹튼 연한 잎 찾다가
별안간 내린 가랑비에 하염없이 떠내려가는데
빙글 뱅글 구르고 엎어지고 깨어지고
힘겹다 힘에 겹다 사는 것이 힘겹다더니
멀고도 먼 어느 낯선 땅에 불시착하더란다
양지바른 곳들이야 힘센 자들의 차지
멸시에 눈총의 시달림 두렵기까지 하건만
눌러앉으면 타향도 고향 된다고
그놈의 삶 별거더냐 싶어
음지 한구석에 허름한 오두막 지어놓고
외롭다고 그립다고 처자식 이루고 살았건만
찾아오는 거라곤 오십견에 황량한 주름살뿐
목마른 가슴 채울 길 없을까 뒤돌아다보는데
뜻밖에도 머물렀던 그 자리 그 언저리엔
향수에 젖은 채 지그시 눈감은 신기루 있어
그 언제나 찾으려나
내 고향(故鄕) 그 뒷동산!

칠 남매의 어머니

아들 다섯에 딸 둘
꼬물꼬물 칠 남매 씨앗 뿌리고
뭐 그리도 급했던지 먼 길 떠난 남정네
마흔 초반에 덜러덩 홀로 되고 보니
너무도 어이가 없고 기가 막혀
원망조차도 뿔뿔이 흩어지고
우는 것조차 잊어버렸던 그 어머니
변변치 못한 살림에 식모살이며,
어느 골목 어느 식당 뒷켠에서
설거지에 허드렛일 한평생 하고 보니
우라질 넘의 하늘도 감동했는지
칠 남매도 하나 둘씩 꾸역꾸역 자리 잡고
누가 그 삶에 돌 던지랴만
세월 속에 묻힌 세포들만은 희죽거리며
허연 백발 되고 허물허물 야위어가오
정치 경제가 어떠하고
사회 이슈가 뭔지는 일일이 모를지라도
눈에 넣어도 아프지 않을 칠 남매와
딸린 식솔들 30여 명 거느린 왕 되고 보니
단연코, 대통령 작자 부럽지 아니하다 하시고
이제는 정말로 여한이 없다 하시지만
가슴 한구석 깊은 곳에서 솟아오르는

뭉클한 한 맺힘에 자식도 그러하건데
당신이야 오죽했겠소
눈에 뵈는 쾌락에 수백 번의 갈등에 고뇌하고
골백번 마음먹고 또 고쳐먹는 당신이라는 어머니
그렇게 그렇게 살아온 당신은 진정
그 어느 남정네보다 굳건한 가장이었고
이 세상 그 누구보다도 위대한 지도자였소
바로, 이 자식의 자랑인 칠 남매 어머니였소

어버이의 빚

설령,
그날이 되어도 영원할
하얗고 굵은 그 무엇 하나
천륜(天倫)이라서 안고 가야 할
아무리 소리쳐도
공허한 메아리만 되돌아오는 그 무엇!
행여 언젠가,
훨훨 날아가 버리라고
제발 돌아오지 말라고 애원한 적 있었지만
때 되어 그 어버이 되고 보니
쇠고랑 찬 죄인인 걸 알게 된 그 무엇!
흐르는 세월만큼이나 늙고 병들어갈수록
피부 뚫고 심장으로, 대뇌로 전해오는
도무지 알 수 없는 그 무엇 하나
어버이의 빚!

우수(雨水)

찢겨진 문풍지 틈 사이로
경칩 햇살이 성급하게 비집는다
겨우내 통통 살 오른 북녘 바람은
창살에 목 낀 채 옴짝달싹도 못하고는
저 살려달라며 애원하는데
아랫도리 시리다 투덜거림에도
민망스럽다는 여편네 등살 못 이겨
홧김에 겨울옷 벗어던지고 보니
지난해 담 모퉁이 텃밭에 심었던
늦둥이 봄동이란 놈은
제철 만난 줄 알고 뛰쳐나오는데
이를 지켜보고 있던
뒷간의 늙은 백목련 꽃망울은
아서라 아서라!
그러기에는 아직 이르다며
가만 가만히 타일러준다

친구라고 하는 그 사람은

친구라고 하는 그 사람은
거울 보듯 투명하고 꾸밈없는 마음씨에
갓 태어난 아기마냥
살며시 수줍어하는 웃음 천진스럽다
자그마한 연못에
돌 하나 던진 건 아닐까 두렵기도 하지만
잔잔한 파문에 빠져버린 그 미소는
한없이 연이은 동그라미였고
이른 새벽 찬이슬 머금은 나팔꽃처럼
화려하지 않은 자태로 다소곳이
속삭이듯 바스라이 떨리는 낮은음자리표로
“그래! 우리 친구하자” 할 때는
어쩔 수 없는 동장군(冬將軍)이 되었다
얼어버린 손발과 심장은
그 속을 흐르는 냇물 되었고
던지면 던질수록 커지는 너울 되어
한낱, 그 안의 종이배 되고 말았다
아예 발가벗긴 채 출렁이고 있었다
무기력하게도 아무런 무기도 없이…

백운호수에서

중년을 한 아름 안고선
날 잡아 가을비 목 놓아 울 즈음
백운호수 언저리 주막집에서 만나지요
파전에 동동주 몇 순배 돌다 보면
자연스레 낙엽 지는 모습 보게 되고
시려오는 인생 굳이 논하지 않더라도
스산한 바람 소리 귓전으로 들릴 터인데
이래저래 마음 맞추기 마련이지요
시간 지나 넌지시 취하노라면
너나 할 것 없이 친구 되어 있을 것이고
서글픈 삶은 네 것이요
아픈 상처는 내 것일 것이니
서로가 부둥켜안고 뒹굴게 되겠지요
그래도 못다 한 얘기 남았걸랑
주막집 벽에다가 까만 사인펜으로
애절한 사연 굵게 줄줄이 써놓으시지요
이 다음 누군가 보노라면
감동의 글로 이어줄지 누가 아나요
멋진 시(詩)로 읊어줄 수도 있겠구요

초심(初心)

텅 빈 아파트!
딱히 할 일도 없음에
오늘만큼은 흐느적이는 음악 속에서
그저, 무료(無聊)하고픈 휴일
문득 베란다에 길게 늘어선
수십 개의 화분들이 눈에 들어오고
까맣게 잊고 있었던 오래전의 초심 하나
뭉클했던 그 무엇이 떠오름에
그 어느 때였던가,
어지러운 마음에 갈피 못 잡던 시절
진심을 주고받던 사이였다는 거
어루만지며 보듬어주던 친구였다는 거
변덕스러운 건 사람의 마음
저들은 오로지,
예나 지금이나 그대로인 걸

미안하고 부끄러울 따름이더라

버려진 화분

주택가 골목 쓰레기장에
한 무더기의 죽음들이 싸늘히 누워 있다
늦가을의 어둑한 새벽 찬 기운에
혹시 때늦은 건 아닐까 싶기도 했지만
그 누가 볼세라 거리의 천사 되어
연줄 하나를 가슴에 얼른 품고 말았다
내 창가의 양지바른 곳
한동안의 정성과 보살핌도 무색하게
파르르 떨던 잎새마저 소리 내어 신음하고
숨결조차도 가늘어지던 그 어느 날
하늘도 노심초사(勞心焦思)했을까
앙상한 가지 틈새 사이사이에서
눈물 가득 안은 새싹들이 새록새록
저물어가는 겨울 햇살도 새삼 놀라
연거푸 거품 물고 다가옴에
그렇게 다시 태어난 버려진 화분은 분명,
나를 닮은 짙푸른 영혼이어라

동창회

잊혀진 인연들!
40여 년 만에 만나고 보니
희끗희끗한 머리에 짙은 주름살
뭐 하나 변하지 않은 것 없음에
한결같이 생소하기만 하다만은
그 옛날 추억조차 아스라함에
성자며 재숙, 정순, 진목, 경주
한 마실에서 함께 자란 모든 친구들
이제서라도 이름들 불러보고 싶다
동창이라는 핑계라 해도 괜찮으이
오랜 세월 앞에 대하는 서먹함보다는
어제까지 만났던 소꼽친구이고 싶다
때론, 현세의 삶 다하여
하나 둘 인연 끊어질 수도 있겠지만
겨우내 잠들었다가 깨어나지 못한
뇌사상태라 치부하면서
서서히 사라져가는 추억의 동굴 안에서
새록새록 잠들었으면 좋겠다

소꿉친구야!

소꿉친구야!
어디서 무얼 하고 어떻게 살고 있는지
너무도 궁금하기만 한데
고무줄 끊고 도망가고, 몽당연필 따먹고
책상에 휴전선 그어놓고 새침 떼던
코흘리개의 그 세월은 다 어디로 갔는지!
진하게 그려지는 얼굴 하나 없지만
치매인 양 허상(虛想)된 희미한 이름들 있어
백합같이 하얀 얼굴에 노랑머리 윤희며
자그마한 덩치에 달리기 잘하던 일순이
장난꾸러기였지만 마냥 착했던 환천이
그 외 잊혀진 내 모든 친구들
하나하나 주워 모아서 정성껏 포장하여
주홍빛 흐르는 정겨운 내 뜨락에 앉혀놓고
걸쭉한 막걸리에 김치전 부쳐가며
솔솔한 마음 실컷 나누며 웃고 싶구나
인생 졸업은 언제쯤일지 우리 서로 몰라도
함께할 수 있는 날만이라도 기억하고 싶다
꼭 그러고 싶다, 소꿉친구야!

아들딸아!

내 정열에 못내 실려온 아들딸아!
한 방울의 땀이라도 더 나눠 주고 싶다만은
속절없는 세월에 밀리다 보니
쌓아둔 기름진 거름들 동나기 시작하고
그래서 부탁하노니
부실한 내 뼛마디라도 잘라 기둥 삼고
남은 내 가죽이라도 오려 벽체 만들어
너희만의 꿈 이루어보거라
무너지지 않을 굳건한 성(成) 쌓아보거라
그것이 무엇이든 결코 쉽지는 않겠지만
후회 없는 성공보단
후회하는 실패가 더 보람될 수 있으려니
결코 두려움을 마다하지 말아라

이왕이면, 난 사람보단 된 사람이었으면
이 애비는 좋을 것이리
단연코 더 좋으이

엇갈린 삶

엇갈린 삶, 그것은

쭈글쭈글 늘어난
소맷부리 같은 거

살 빠진 뒤 빌빌 돌아가는
바짓가랑이 같은 거

숨 가쁜 열차 떠난 뒤의
텅 빈 역사 같은 거

가을걷이 끝난 뒤의
황량한 들판 같은 거

추절추절 비 내리는 겨울날
섭렵(涉獵)하는 마음 같은 거

행복보단 조금 못하지만
불행보다는 많이 나은 거

옥수수 파는 할머니

전철역! 80세는 족히 넘을 성싶은 할머니
굽은 허리, 까만 주름살에 세월이 숱하다
비닐봉지에 옥수수 세 개 넣고서는
지나는 사람마다 옷깃 붙잡고 애원한다
"이천 원! 한 봉지 팔아주구려"
두 아들 유학 보낸 지 어언 40여 년!
연락은커녕, 돌아온 거라곤
기구한 목숨이나 연명하라는데
그 나물에 그 밥이련가
어릴 적에 맡겨진 배다른 손자(?)란 놈은
허구한 날 낮술에 흥청망청 찌들어 있고
쌈짓돈 뜯어내려 좌판 때려 부수고 행패질이다
그토록 억울하고 기막힌 사연은
언제부턴가 시름시름 앓아눕고
음력 설 앞둔 따스한 어느 겨울 햇살 아래에서
지나는 전동차에 비명으로 내던져지는데
벌겋게 녹슨 난로엔 타다 남은 연탄재와
이천 원짜리만이 주인 잃고는 쓸쓸히 식어가고
몹쓸 한(恨)은, 그렇게
하얀 비수(匕首) 되어 전철역을 배회하더라

아리아

새벽을 두드리는
초자연적 본능의 울림

고요를 잠재우는
보드라운 아기의 숨결

첫닭이 토해내는
맑디맑은 울대 소리

지신(地神)이 울부짖는
영험한 땅 기운

백의(白衣) 천사가 고대하는
하나님의 웅장한 음성

뇌사 상태에서 들리는
몽롱한 그 소리는
천상천하(天上天下)의 아리아

어느 여인의 절망을 지켜보면서

대전역 대합실에도
윤칠월의 말복 어김없이 찾아오고
삶에 지친 저마다의 생계놀음은
엿가락처럼 늘어진 철로인 양 뜨거운데
3평 남짓 커피숍에는 그나마,
에어컨의 문명이 내려앉아 식혀준다
언듯, 〈목마와 숙녀〉가 잔잔히 흐르건만
한동안 창밖만 응시하는 어느 여인에게는
한낱, 소음 되어 인파 속으로 사라져 버리고
주인의 무관심 속에 한 장의 CD는
갈 길 잃은 채 그저 도돌이일 뿐인데
미동조차 없던 진홍색 커피 잔은
가냘픈 두 손으로 받쳐져 감싸지고
그도 무거웠을까 두 어깨 바스라이 떨려간다
무슨 사연일지는 알 리 없지만
행여 누가 볼세라 초점 잃은 눈동자는
하염없는 검은 눈물로 얼룩지고
가지런히 빗은 긴 머리카락 사이사이에는
한 뭉치의 이별 같은 아픔이 애써 감춰진다
인기척 느낀 듯 마주친 눈가에는
끝없는 절망만이 허공을 맴돌기에
용기 내라 애써 미소 던져주건만

돌연! 이내 가슴 한구석 하얗게 비어감은
긴 여행에 지친 멀미 탓이련가!
갓 도착한 열차는 씩씩거리며
한 무더기의 인파를 토해내고 달아난다

입술

태초 세상에 나온 입술은
신선한 공기 들이킴에 대한
고마움과 기쁨의 입술이었고
아빠랑 결혼 선언한 그 입술은
이성을 알기 시작한
최초의 거짓말한 입술이더라
내 품 안 떠날 무렵의 입술은
"엄마, 아빠 사랑해요"라는
당연한 듯 침발림이더니
달콤함 그리워 제짝 찾고 나면
"별일 없지요, 저희도 그래요"
이 한마디뿐인 입술이더라

세월 다한 그날의 입술은
그나마 진실 하나 내뱉고 떠나는데
"얘들아! 잘살거래이…"
"정말로 잘살아야 된대이!"

진실의 입

어디에 있느냐, 넌
이토록 기나긴 반세기가 돌아눕고 있는데
무기징역형 받은 죄수마냥
좁고도 캄캄한 독방의 뇌에 갇힌 진실을
못된 너의 입으로 토해보거라
곱지 않은 삶이나마,
탕자처럼 긴 여정에서 돌아와
그래도 진실했다고 당당히 말해 보거라
육체는 사라질지언정 영혼 속의 진실만은,
겨우살이의 동면처럼 살아난다는 것을
헐떡이며 얼마 남지 않은
이내 심장에다 힘껏 아로새겨 보거라

허기진 이 가슴에 밀려오는
못된 너의 입으로

태안반도 원유 유출 사고

검은 오만이
태안반도 해안가를 뒤덮는다
악취가 된 고통은
죽음이 되어 보답하고
보복으로 환생한 밀물은
흐물흐물 가혹한 책임을 추궁한다
온몸 땀방울로 삶을 구걸하지만
절망만이 느긋하게 뒷짐 지고 서 있다
인간의 도전에 분노한 신은,
무척이나 아픈 가슴 쓸어내리며
고개 숙이고 엎드려 사죄하라 한다
겸손을 보여달라 한다
진솔함으로 다가오라 한다

까치

길조(吉鳥)라 했나요?
이슬비 적시는 이른 아침
기쁜 소식 전할 거라면서
내 창가를 두드리네요

오작교(烏鵲橋)라 했나요?
무서리 내리던 날
슬픔의 넋두릴 하더군요
사랑하는 이가 집을 나가고는
돌아올 줄 몰라 한다구요

한곳에서 머문다 했나요?
잿빛 하늘에 함박눈 쌓이던 날
앙상한 감나무 위에서 부르짖기에
반가움에 맨발로 뛰쳐나갔죠
무척이나 야윈 모습이었지만
곁의 새끼만은 많이도 자랐더군요
그것이 영영 마지막이었고
생뚱맞은 이별 한 아름 안기고선
내 창가엔 빈 둥지만 쓸쓸이 남아 있네요

좀 더 너그러워지면 안 될까

언행(言行)이
전두엽(前頭葉)* 뒤로만 따라다닌다면
우리 모두 좀 더 너그러워질 텐데

도시의 아침은 출근과의 전쟁이지요
엄마! 늦었어, 짜증 나, 빨리 밥 줘!
이 양반이! 뭐 해, 화장실 전세 냈어?
다들 바쁜데, 조금만 더 느긋하고
좀 더, 너그러워지면 안 될까

여자 운전사 갑자기 끼어들지요
사실, 사고 날 수도 있을 법한 상황
무척 놀란 뒷차량 육시랄 욕 나오고
집구석에서 솥뚜껑이나 돌릴 것이지…
다들, 삶이라는 종점 향해 달려가는데
좀 더 천천히, 서로가 너그러워지면 안 될까

목적지 가까이 왔더니만, 엄청 밀리지요
길게 늘어선 줄은 좀처럼 줄어들지 않고
염치 불구족들 끝없이 끼어들면서
급기야 또 하나의 기나긴 줄 만들고…
다들 줄 서서 기다리는데,

차근차근 도착 순서대로
좀 더 그렇게, 너그러워지면 안 될까

이봐, 유현문 부장!
뭐 해, 빨리 연락해 봐
엊저녁 굼벵이 삶아 먹었나, 왜 이렇게 뜸 들여
빨리 하고픈 맘이야 전부 같을 텐데
조금만 더 차근차근히
좀 더, 너그러워지면 안 될까

자꾸만 좀스러워지는 나와 너
자꾸만 잔머리에 익숙해지는 우리들
이기(利己)는 한발 늦추어 출발시키면서
시작은 언제나 마지막처럼 천천히
마지막은 언제나 처음처럼 차분히
그렇게, 그렇게 우리 모두
좀 더 너그러워지면 안 될까

* 생각과 계획, 즉 기억력과 사고력 등의 고등적인 행동을 관장, 담당하는 뇌(골)

잠 못 이루는 밤

잠 못 이루는 밤!
짙어오는 어둠만큼이나 또렷해지는
잊혀진 인연들이 뇌리를 스쳐갈 무렵
저마다 바쁘게 오가는 차량 불빛들은
또 하루의 생명 다했는지
제각기의 종착역을 찾아들고
장미 울타리 사이의 주홍빛 가로등만이
무기력한 양 뻘쭘스럽게 고개 쳐들고는
유일무이 천지를 농락하는 이 시간
베란다 한구석을 차지한 낡은 오디오에서
02시의 째즈가 흐느적흐느적 녹아들고
함께하던 내 정원의 키 작은 나무들은
싸구려 포도주 몇 잔에 취한 채
찢어질 듯 고통스러움으로 허우적거린다
아마도, 끝없는 사랑놀음을 즐기는
귀뚜라미 한 쌍에 지친 때문이니라
때맞춘 잠 못 이루는 밤은
절명(絕命)의 외마디조차 듣지 못한 채
세 생명의 오르가슴을 한껏 내뿜고는
몽롱한 환희 속으로 빠져든다

추억

달빛 속을 뒤지면
잊혀질 듯 되살아나는 추억 숨어 있을까
떠오르는 그 무엇들
저 잘났다고 새록새록 고개 내미는
불현듯 솟아나는 애달픈 향수
달빛 속을 뒤지면
암막같이 어렴풋한 미련 숨어 있을까
푸른 숲 깊은 계곡 건너
길 잃은 바람인 양 허공을 메아리치는
잊기엔 너무도 행복했던 아쉬움들
달빛 속을 뒤지면
텔레파시로 이어질 인연 감춰 있을까
저마다 새싹인 양 솟아나는 그리움들
뇌리에 무임승차한 채
매캐한 연기 되어 까맣게 토해내는데
묻어두고 싶은 그 무엇도 있으랴만
어찌 이리도 현실처럼 초롱초롱한지
달빛 속에 오래오래 숨겨둘 수는 없을까

짝사랑

짝사랑이란,
애써 아닌 척하면서도
흘끗흘끗 훔쳐보면서 얼굴 붉히는 거
너무 미치도록 간절하여서
집 앞에서 서성이기만 해도 가슴 두근거리는 거
비 오는 날 버스정거장에서 우산 하나 들고서는
기약 없이 무작정 기다려도 지루한 줄 모르는 거
그 사람을 목전(目前)에 두고서도
반가움보다는 당황스러움이 앞서 정작,
한마디 건네지도 못하고 스치듯 도망치는 거
그리고는 바보 같은 자신을 원망하면서
애타는 마음을 수없이 채찍질하는 거
가슴앓이의 중병은 그렇게 청춘을 다 태워버리고선
자신도 모르게 까맣게 잊혀져 가는 거
오랜 세월 흘러 우연히 마주쳤을 때
그냥 지나치려 했지만 그 사람 먼저 다가와서는
"그때, 눈빛으로 느꼈어요,
아무 말이라도 하시지 그랬어요…" 하는 거

하얀 눈이 내리던 날에

하얀 눈[雪]이
몹시도 흩날리던 날에
기타줄인 양 가냘프고 여린
인연 하나 살며시 다가왔지요
먼 곳의 소식처럼 여운 되어
한달음에 내달려왔지요
커다란 두 눈엔
맑은 호수 둥둥 떠다녔고
동지섣달 긴긴 설레임이었지요
부푼 인연들이 춘삼월의 잔설인 양
슬며시 녹아내리기 시작한 그때에도
하얀 눈[雪]이
하염없이 내리고 있었지요
하늘 높이 덩실덩실 구름 된 인연은
차디찬 중천열차에 환승한 채
개울 되어 냇물로 강물로 흘러갔지요

가없는 영혼만 부둥켜안았지요

헤어진다는 것은

헤어진다는 것은
살아 있는 까닭입니다
언제였느냐보다는
어떠함이 보다 중요하지요
남아 있어야 할 흔적을 위해
이왕이면 가장 아름다운 모습일 때
헤어졌으면 좋겠습니다
조금은 아파하고
조금은 더한 슬픔에
목이 멜 수도 있겠지만
그리 길지는 않을 것입니다
따지고 보면 그것은
새로운 인연의 시작이지요
헤어진다는 것은
먼 훗날 다시 만날 수 있음에
정말로 흥분되고
가슴 벅찬 기다림일 것입니다

제3부

거리의 풍경화

2월

소노골* 처마 끝에
아슬아슬하게 겨울이 매달린다
“게 누구여” 하는 뒷집 할머니의
큰 기침 소리에 화들짝 놀라고는
흙 마당에 철퍼덕 하며 냅다 내팽개쳐진다
찬 기운 잃은 2월이
장작더미 사라진 아래채를 끼고돌아
삽짝문 빗장을 살그머니 밀어본다
갓 걸음마하는 아이인 양 조심스럽게
마을 끝 삽지거리를 바라보다가는
희끗희끗한 산등성이를 한없이 응시한다
“아직은 춥지요!”
그냥 지나가는 말일 뿐인데
마지못해 멋쩍게 미소 짓는다
“벌써 떠나시려고?”라고 다시 묻지만
그러면서 들녘을 바라보았을 뿐인데
별수 없다는 듯,
고개만 가느다랗게 끄덕인다

* 소노골 : ① 경북 예천군 풍양면 청곡리에 위치한 마을
② 소가 누워 있는 형상에서 유래된 이름

청계산 계곡의 입동(立冬)

길 찾아온 입동 탓에
청계산 계곡이 우수에 젖는다
생명을 다한 찬바람은
웅덩이며 바위틈 곳곳에 몰려 앉아서는
저마다 도망칠 궁리나 하려는데
남녘 따라온 손님들은
제 몸 시린 듯 모닥불 피워놓고서는
살얼음 사이의 개구리 깨우려 든다
때마침 근처를 날던 개똥지빠귀새들
그게 무슨 짓거리냐 하며
무척 놀란 가슴 쓸어내리고는
후다닥후다닥 쏜살같이
깊고도 깊은 계곡의
둥지 찾아 숨어든다

목련

하얀 목련꽃
떼쓰더니, 뜻대로
개구리들 부스스 껌벅이고
흙 담장 옆의 텃밭 냉이
소리 소문도 없이
꼬물꼬물 솟아오르더라

하얀 목련꽃
또 한 번 떼쓰더니, 고집대로
아지랑이 스멀스멀 잠 깨우고
웬일인가 싶던 나비들
아직 이른 줄 모르는지
기어코 아스팔트 위로 모여들더라

봄

여인네의 어깻자락 같은 뽀얀 햇살
툇마루의 오수 비집어오길래
못 본 척 살며시 눈감고 있으려니
수줍은 유혹이련가
설레이는 숫처녀의 숨결 다가옴에
들추어 보고픈 욕정 참을 길 없어
오랜 방황에서 돌아와
이제는 사랑 얻고 싶은 바람 알까만은
힐끗힐끗 본체만체
관심도 기억조차 없다는 듯
텃밭의 씨앗 감자야 익어가건 말건
갓 메주 띄운 장독대를 성큼성큼 넘고서는
꽃망울 내려앉은 뒷동산의 철쭉 숲을 지나
키 큰 참나무 사이로 유유히 사라지더라

미련스러워 붙잡을 수 없음에
멀찍이서 하염없이 바라볼 수밖에
그저, 애가 탈 뿐…

파도

쑥스러움에
갯벌 속으로 파도가 숨어든다
단잠결에 놀란 조개들
잠시 어리둥절하다가도
시답잖아 보였는지
니 마음대로 해보라 한다
이럴 바엔 차라리,
먼 바다로 가라 했건만
뙤약볕에 타버리라 했건만
노를 놓친 파도는
이리저리 갈 곳 몰라 헤매이다가는
덩그러니 모래섬에 눌러앉는다

포기하고선 길게 누웁길래
에라 모르겠다 하며 나도,
그 위에다 포개고 만다

억새밭 거닐다가

강가, 억새밭 거닐다가
심란한 마음 하나 내려놓는다
무질서한 듯 가지런한 저들은
지나는 바람 불러 세우고는
끼어들 틈이라고는 아예 없이
소곤소곤 무척이나 말들이 많다
걱정도 번뇌도 없는
순수하고 소박한 일상인갑다
황혼이 들녘으로 길게 눕고
달콤한 사랑이 그리운 연인들
행여 누가 볼세라 하나 둘씩 숨어드는데
저마다 애태움으로 입 맞추며
황홀한 눈길 뜨겁고도 요란스럽다
성스럽고도 본능적인 이 아름다움에
넋마저 던져버린 억새들은 그저,
부러운 듯 한결같이 고개 숙이며
어둠 속으로 깊이깊이 돌아앉는다

천수만*의 군무(群舞)

끝없는 간월호엔
팽팽한 긴장감 돌고
눈치 챈 물고기들
어찌할 바를 몰라 어지럽기만 한데
수십만 대군의 가창오리들은
이때다 싶어 총공격을 감행하고
광활한 갈대 늪 사이엔
삶과 죽음이 요란스럽게 교차한다
이에 놀라 넋 잃은 천수만은
순식간에 허공으로 날아보려 하지만
그러거나 말거나
V자를 그리던 검은 하늘은
겸연쩍은 듯 헛웃음이나 치고는
붉은 석양에 저 꽁지 타는 줄도 모른 채
먼 바다의 군무되어 사라져간다

* 충남 홍성과 안면도 사이에 위치

가을이 오던 날에

먹구름이 까맣게 몰려왔지요
몇 날 며칠 밤낮으로
까닭 모르던 만물들
하염없이 펑펑 울어대고
노아는 방주까지 띄웠다지요
"제풀에 지치겠지" 하면서
그냥 놔두었지요
선잠 자다 깬 아기마냥
심술은 어렵사리 그렇게 끝나가고
불현듯, 한줄기의 빛
살며시 고갤 내밀더군요
태초(太初)는 마냥 좋은 듯
하얗고 진푸른 옷으로 갈아입더니만
어줍어하는 동녘 바람들 모으고는
수많은 고추잠자리로 환생하였지요
가냘픈 순정(純情)들도 덩달아
코스모스 꽃 온통 피워댔지요
가을이 오던 날에

가을 저무는 길목에서

가을 저무는 길목에서
짙은 산노루 향 흩날리며
곱살스런 햇살 타고 온 그대는
가슴 찡한 단 한 번의 윙크와
꿈속인 양 몽롱한 콩깍지 씌워놓고선
북풍 따라 매몰차게 떠나버리고
남발한 언약들만이 저 홀로 되어
갈 길 잃은 채 괜한 신세타령인데
싸늘하게 식어간 그대 손길은
머지않아 떠돌아다닐 이내 영혼
코앞에 다가온 몹쓸 나의 영상일 터
아무렴! 아무렴 어련할까
곁가지에 대롱대롱 매달렸다가
오래전 내 아버지 앞에서 울먹이다 돌아선
그 허무(虛無)인 걸, 내가 아는데
언젠가 본 영화의 한 장면과 같이
매캐한 군불 되어 태워지고 사라지는
아득히 먼 기억 되는 걸, 모두가 아는데
가을이 저무는 길목에서

이 가을엔 여유로움을

황금빛 잔잔한 이 가을엔
카푸치노 향 함께할
당신을 찾아 나서렵니다
언제 어디서나 주변 맴돌기에
이내 진심 고백할 수 있음에도
초라함에 보잘것없고
누추한 치부 들추일까 싶어서
엉거주춤 몇 걸음 물러선 채, 행여
아닌 듯 엿보기만 했습니다
모과 익어가는 이 가을엔
애타는 기다림 속에서
지난해 너무도 아쉽게 보내고야 말았던
풍성한 당신을 객(客)으로 모시고는
이 가슴 활짝 열어놓은 채
따사로운 가을볕 속에 몰래 숨어드는
여유로움이라는 당신을
생애 최대의 VIP로 초대하려 합니다

홍시(紅柿)의 예찬

가을걷이 끝나가는 이 스산함 속에서
텅 빈 벌판을 환하게 밝히는 님은
멀찍이 지나쳐도 넉넉해 보이고
눈부신 햇살 사이로 곁눈질해도 행복하여라
천둥번개에 태풍 스쳐간 지난여름에
성이 차도록 화풀이해 봄직도 하련만
오랫동안의 가슴앓이 꾹 참고는
이제서야 결심한 듯 함박웃음 보이니
투명토록 붉은 속살만큼이나 풍성하여라
행여나 이 계절만큼이나 짧은 삶 될지라도
까치밥으로 품앗이한 그날까지 다 합하여
아무쪼록 뜻대로 결실하였으면 하여라

동지섣달 살 에는 그믐날
마당 지나는 바람 소리에 귀 기울이면서
사랑방 화롯불에 구운 가래떡에
님에게 푹 빠져드는 이 달콤함이여…

칸초네*가 있어 좋다

가을비 추절추절 하염없는 날엔
오랫동안 떠나 있던
칸초네가 돌아와 좋다
거리의 가로수들
깊은 상념에 쌓여 야위어가고
스산한 바람에 자지러진 낙엽들
나그네 되어 길 떠나려 할 때도
마치 죽마고우(竹馬故友)처럼
잔잔한 칸초네가 있어 좋고
두툼한 옷깃 세운 채
고독의 탈을 쓴 외로움이
덕수궁 돌담길을 돌고 돌아
노랗고 빨간 강시 되어
굶주린 늑대인 양 몰려올 때도
이 가을 다가기 전에
따뜻한 칸초네가 품에 안겨서 좋다

* 시와 노래풍이 결합된 서정적인 이탈리아 대중 음악.

코스코스

새벽녘에 다가온
가냘픈 순애(純愛)
가슴으로 토해내다가
감동에 복받쳐
흐르는 눈물 감추려
갓 솟아오르는 하늘
올려다보는데
눈 속으로 빨려든
뽀얀 아침 햇살
한 아름에 품고 보니
아침 이슬 머금은
빨갛고 하얀 영혼의 꽃
수정인 양 영롱한 넌, 정녕!
이 계절에만 어우러지는
청순(淸純)한 연정(戀情)이어라

뭉게구름

스산한 바람 불어와
뭉게구름 하늘 높이 떠다닐 땐
그리운 소식 하나 있었으면 좋겠다
기쁜 소식이라 한다면
천진난만 웃어주는 친구 얼굴 그려주고
굳이 슬픈 소식 전해줄라치면
꼬물꼬물 뭉개어 지워버리라 했다
혹, 잘못 배달된 소식이라 한다면
떠돌이인 네가 그냥 가져가라 했는데
그러한 너, 너무너무 부럽다 했다
정히 힘들다 싶으면 먹구름 되어
지상으로 내려와 쉬었다 가면 되고
천상같이 고운 세상 그리우면
까짓것 하얀 눈[雪]으로 환생하면 되는 거
그러한 너, 진정코 부럽다 했다
어쩌다 긴긴 하루에 지쳐갈 무렵
서산에 걸터앉은 황혼에 놀라
어쩔 줄 몰라 하며 얼굴 붉히는 넌
틀림없는 나의 바람, 나의 윤회(輪回)

무화과

꽃이 아닌
열매라 하는데도
기어이 꽃이라고 우겨대서
한(恨)이 된 응어리 하나
깊숙이 되새김질하다가
말복 지나 늦걸음 한 무더위
뜸부기 물고 떠나던 날
도톰한 두 볼에
연지곤지 꼭 찍길래
혹시나, 혹시나 싶어
톡하고 터트리고 보니
그대는 분명코 꽃이 아닌
꽃일 리 전혀 없는
탐스럽고 발그스레한 열매
무화과(無花果)이더라

솟대

그린네*야 그린네야
내 그린네야
볍씨 물고 날아보렴
무소식이라도 좋으이
내 소원 품고 날아보렴
오가다 우연히 만난
이내 체온 그리움에
날갯짓 멈출 생각 아예 말고
너울너울 날아보렴
기억마저 영원히 묻어둘
미지의 세계로
하얀 꿈으로 날아보렴
풍년 따위
굳이 아니어도 좋으이
훠이훠이 날아보렴

* 그리워하는 사람

달맞이꽃

안개 짙은 서호천엔
새벽어둠 아직 흐르고
인적 드문 호젓한 언덕배기에
살포시 고개 든 그대
오매불망 일편단심으로
꽃잎마다 한(恨) 방울방울 맺히고
달빛 사랑 너무나도 그리워
그대 이름 월견초(月見草)라 하건만
어느 기생집 갓 규수인 양
진노란 미소 가득 품고서는
알듯 모를 듯 요염한 몸짓에
풍만한 가슴 한껏 내미는데
나 홀로 맞이한 탓이련가
이내 눈길 갈 데 몰라

돌연, 솟구치는 남정네의 욕구
이유 없는 이런 맘 알 길 없어

마지막 잎새

깡마른 육체에
가느다란 혼절이 오간다
탐욕 잃은 마지막 잎새
몇 날 며칠 식음을 전폐하다
먼저 간 친구들의 성화에 못 이겨
때마침 새벽녘에 찾아온 하얀 성에
손곱은 채 한입에 털어 넣는다
깊고 황홀한 잠에 빠져보려 하지만
또 다른 세상의 입성이
마냥 두렵고 설레인 모양이다
갓 소설(小雪)이
뭘 그리 망설이냐며 빈정거리더니만
에라 모르겠다 하면서
한 무더기의 하얀 눈을 넵다 퍼붓는데
백색의 어둠 속 갇힌 마지막 잎새
오드오들 떨며 가쁜 숨 내몰다 가는
길 잃고 헤매는 영원한 미이라 되고 만다

이슬

오솔길의 그댄
시린 손 부벼대면서
슬픔에 잠겨
흐느끼고 있었지요
아침 햇살 피어오르고
만물들 부스스 눈뜰 무렵에도
그대 두 볼엔 눈물
하염없이 흐르고 있었지요
행여!
고이 닦아드릴까
한참을 망설였지만
그대 쑥스러워 고개 돌릴까 봐
서러움에 더더욱 울컥할까 봐
못 본 체 애써 외면하면서
살금살금 뒷걸음치고선
무심하게도 돌아서고 말았지요
그대 흘린 눈물에
바지춤 축축이 적신 채로

정동진의 겨울

거친 파도 따라 외로움이
살 에는 모래 바람 속으로 파고든다
저들은 한결같이 하얀 털옷 걸친 채
많은 이들이 찾던 지난여름을 얘기하지만
지금은 소박맞은 신세인 걸 다 아는 터,
저마다 그리움에 숙덕거리다가는
텅 빈 해안을 홀로 거니는
허름한 삼류 시인에 눈길 한번 주고는
한껏 기대에 부푼 듯하다가도
혹, 또 다른 슬픈 추억이 될까 봐
그래서 이 겨울이 더더욱 힘들어질까 봐
모두가 한결같이 다가감을 경계하는데
멀리 산 중턱에 덩그러니 밀려간 크루즈 호는
일찌감치 깊은 동면에 빠진 채
선잠 깨웠다고 짜증스러워하면서도
그 언제 출항할 수 있으려나
춘삼월 해동은 언제쯤이냐 물어오며
먼 꿈속 같은 얘기나 해댄다

등대

망망대해!
거친 바람에 달빛 창백히 일그러지고
파도 소리에 귀 멀어버린 일상은
벙어리 냉가슴 되어 앓다 가는
긴 행려 되어 떠나간 등대지기 따라갔지
절망조차 찾기 힘든 이곳엔
갈매기들만 유일하고
몸서리치는 외로움 헤집은 그들은
날갯짓 허덕이며 어찌할 바 몰라
삼삼오오 모여앉아 멍든 가슴 풀어헤치고는
허접한 독백들 밤새 토해놓지만
고된 하루의 여운 또 밝아오고
벌겋게 타오르는 수평선 건너엔
바라보기조차 남루한 어부 위태로운데
행여, 슬픈 귀향이나 될꺼나
안타까운 마음 조아리다가는
지키는 이, 저 홀로임을 잊었는가
아침 햇살 속으로 스르르 눈감는다

또 하루를 맞이하면서

미동(微動)도 어색한 이른 아침
무서리마저 내리고
별빛 제풀에 기울어가는 건
또 한 생명 떠나려 함에
깊은 슬픔의 몸짓인 것
서산에 걸친 달 주춤거리는 건
지난밤 상여(喪輿) 치른 님에게
애탄 미련 남아 있는 것
북두칠성마저 뒤집어놓은 채
세상 하얗게 질리도록 화내는 건
가신 님과 영원히 정 떼고 싶어하는 것
동녘 하늘 푸름푸름 밝아오고
장닭 때맞춰 힘차게 홰치는 건
또 다른 미지의 님을 기다리는
두려움과 설레임의 양면 때문인 것

생명의 끈

사그라져가는 생명을
몸소 체험한 적 있습니까?
생명 얼마 남지 않았다고
사형 선고라도 받아본 적 있으십니까?
그래서, 산다는 의미를
뼈저리게 느껴본 적 있습니까?
그런 생명 하나 살리려고 한
어느 귀한 분이 계셨습니다
글로 표현하기엔 감히,
너무도 작고 빈약한 사실이기에
어쩜, 그분을 욕되게 할 수도 있겠지만
자신의 육체 일부를 바친
그토록 어려운 결정을 하신 그분은
진정한 나이팅게일이었습니다
몸으로 실천하신 그리스도였습니다
죽어서도 갚지 못할 그 용기 앞에
은혜 입고 죄지은 그 사람은
고맙고 또 고마워할 따름입니다

서호공원 호숫길

잔잔한 호수 한가운데
무덤 같은 조그마한 섬 하나 있지
그래 봬도 나름대로는 육지 같은 푸른 숲이야
어둑어둑 어둠이 엉겨 붙기 시작하면
산오리들 지 집인 양 옹기종기 숨어들어
서호천*에 터 잡고 먹이 찾는 두루미 떼들도
저들만의 가족 이루고는
주변 솔밭때기 사이사이로 잠자리 들지
졸지에 텅 비어버린 호수는
그 끝 어딘지 모를 오솔길 활짝 열어두고선
군침 질질 흘리는 악마의 사자로 돌변하지
시름시름 썩어가는 시체 된 채
강시 되어 찾아오는 수많은 주검들 유혹하지
게네들, 한결같이 백지장처럼 하얗게 질려 있지
살려달라고 애원하며 뒤뚱뒤뚱 걷다가는 쉬고
절뚝절뚝 절음발이 되어 뛰는 양 걷지
홀린 양 한결같이 한 방향으로만 달리지
가끔, 저만치서 마주 보며 달려오는 아지매 있어
걔, 차곡차곡 쌓여가는 역적 같은 내 황혼일 거야
온몸 마비되어 휠체어 타고 가는 아재도 있어
애, 오래전 못다 이루고 도망간 이놈 꿈이었어
저마다 호수처럼 깊은 사연들 안고 살겠지만

다람쥐 쳇바퀴 돌듯 몇 바퀴 돌고 나면
그나마, 답답했던 가슴들 뻥 뚫리겠지
호수변의 은초롱 빛 가로등도 빽빽이 들어설 거야
어눌하게나마 그럭저럭 잘 어울릴 이 시간이면
쭈욱 늘어서던 주검들 어디론가 사라지고
정자 뒷켠의 가슴 조이며 사랑놀이하던 중생들조차
헉헉대며 중천으로 나자빠져버려
늦여름 밤 매미 울음소리가 온 지천에 가득한데
마치 지들도 살아 있는 양, 바로 옆 지척에선
찢어질 듯 쇠 음의 열차들 정적을 깨고 말지

* 수원역과 화서역 사이에 위치

제부도

늦팔월 제부도의 해거름
타다 남은 태양은
목선들을 주렁주렁 매달고는
그 무게 못 이겨 깊은 수렁으로 빠져든다
한 접시의 회인 양 생명을 다한 제부도는
길 잃은 철새들의 길잡이나 하려 드는데
시샘하듯 잔잔하던 수평선은
진주홍빛 잉크를 잔득 뿌려대고는
첫날밤 맞이한 새색시 홍조이련가
황홀함에 스스로 놀라 까무러치고 만다
너무 이른 저녁임을 잊었는가
바다 건너 먼 육지 굴뚝엔
시부모님 저녁 상차림의 분주함에
흰 연기 모락모락 피어나고
깊은 바다에 빠진 채 허우적이는 노을은
서울 간 첫째 아이 등록금 걱정에
애타는 어부의 마음 아는지 모르는지
무심(無心)하게도
긴 시름 까맣게 까맣게 타들어간다

주산지(注山池)*의 왕버들

수백 년 쌓아 올린 세월 앞에
기력 잃고 등 굽은 왕버들
구차한 몸뚱아리 누가 볼까
주산지(注山池) 깊숙이 묻어두고는
어둑어둑해 오는 깊은 골짜기에
푸른 넋 되어 덜러덩 대자로 드러눕운다
속절없이 피어오르는 물안개야
앞뜰 뒤뜰 다 차지하건 말건
그만 살라 하는 저승사자의 귀띔조차도
귀찮은 듯 도무지 관심 없어하고
황천길로 찾아드는 중생들의 입방아에
먹은 귀조차 꽉 틀어막고는
그저, 오래전 어드메에 묻어두었다는
시작도 끝도 없는 그놈의 한(恨)!
원혼들 이야기나 애써 들으려 한다

* 경북 청송면 부동면에 위치한 저수지

청솔모

장대비 막 그친 초여름날
언덕 위의 하얀 집 테라스엔
오후의 그늘 길게 드리워지고
산자락에 걸친 오색 무지개에 취해
의자에 누운 채 넋 놓고 바라볼 즈음
추자 열매 양 볼에 물고서는
마당 담장 위를 쏜살같이 지나가는
까만 청솔모 한 마리 있었고
그와의 첫 만남은 이렇게 시작됐지
한동안 일정 거리를 유지하더니만
어느 날부턴가 큰 눈 멀뚱이며
아주 조심스럽게 조금씩 조금씩 다가오더니
언제부턴가 아예 눈앞까지 와서는
꼿꼿이 몸 일으켜 세운 채
신기한 듯 나를 한참 바라보다가는
어둠이 내릴 쯤이면 사라지곤 했지
그 이후로부터는 만사 일을 제쳐둔 채
날이면 날마다 그 시간 기다려지고
어쩌다 만나지 못해 공치는 날엔
뭔가를 잊은 듯 아무것도 할 수 없었지

막바지 여름은 그렇게 떠나가고

텃밭 고추들조차 게으름으로 인해
시름시름 허연 속살 드러내며 내동댕이칠 무렵
잠시 집을 비우고 나들이 다녀오던 날!
어허라 이럴 수가…
평소 내가 그랬던 것처럼 그는
의자에 비스듬히 걸터앉고서는
한 손으로 턱을 턱하니 괸 채
대문 열고 들어오는 나를
빤히 쳐다보고 있질 않겠어?
뻔뻔스러운 그 모습 하도 신기하여
마당에 털썩 주저앉고는
한참을 하염없이 바라보았지
순간, 인기척과 함께 그는 온데간데없고
스쳐가는 차디찬 바람 소리에
칙칙하게 퇴색되어 가는 감나무 잎들과
하얀 엉겅퀴 씨앗들만 흩날릴 뿐…
겨울 재촉하는 음산함만 맴돌더군
그가 앉았던 그 자리엔
초라한 내 모습만 환상되어 확연히 다가오는데
시퍼렇게 물들어 있는 내 입 안에는
꿈인 양, 추자 열매 한가득 물고 있더라

거울 속을 들여다보면

거울 속을 들여다보면
곤한 세속(世俗) 등에 업고
삶에 지친 영혼 달래며
편안히 누울 자리 슬며시 보이고
지난 세월 고이 접어갈
피신처 보이지

거울 속을 들여다보면
저만치 한발 물러서 있는
알듯 모를 듯 검은 그림자 하나가
조금씩 조금씩 다가오는 것 보이고
가끔, 백옥같이 하얀 그 무엇 찾아와
사그라져가는 세포들 다독거려 주는
마음씨 고운 천사도 보이지

거울 속을 들여다보면
나를 쏙 빼닮은 생명 하나가
불현! 나와 같은 눈높이로 서 있음에
벅찬 가슴에 환희 솟아오르기도 하지만
육체는 어느덧 스스로를 위로하며
멀고도 먼 여행을 떠나기 위한
행진곡을 연주하고 있음도 보이지

부자(富者)의 기준

수원역전에서 전전긍긍(戰戰兢兢)하는 이에게
쇠주 한 잔 건넬 수 있는 사람이 부자야
사실상 그이는
월셋방 사는 일용직 주정뱅이지만
그래도 그이보다 부자는 없어
사글셋방 사는 이보고
전세 산다고 뿌듯해하는 사람도 부자야
사실상 그이는
평생을 그럭저럭 살고 있지만
그래도 그이만큼의 부자는 없어
어찌어찌하여
소형 아파트 한 채 장만한 우리네는
정** 회장, 이** 사장보다 부자야
그들은 이미 호적 말소되었으니까
따지고 보면,
이 세상에서 제일가는 부자는
하루하루를 힘겹게 살아가는
바로 우리네 마음인 거야
진정코 마음속에 있는 거야

지하철 안의 풍경화

지하철 안은 재래시장

등 굽고 키만큼의 큰 배낭 지고는
칡뿌리로 세월 파는 할머니
훔쳐보는 뭇 사내들 시선 즐기면서
얇게 비치는 티셔츠에
터질 듯 늘씬한 몸매 파는 미니스커트 아가씨
무슨 사연일지 모르지만
깊고 긴 한숨 내쉬는 이낙네 옆엔
쉼 없이 조잘거리는 십 대 여고생들
귀청 따갑도록 싱그러운 청순 팔고
터벅머리 이십 대 젊은이
어른신들 눈 부라리는 노랑머리 팔고
번지르르한 머리 삼십 대 회사원
방금 먹은 듯 묵은지 김치 냄새 팔고
짙은 화장의 사십 대 아줌마
여우 털 목도리에 싸구려 향수 냄새 팔고
깊은 주름살에 양복 입은 오십 대 신사
사기꾼에 퇴직금 날린 산전수전 다 팔고
세월 지난 핸드폰 켠 육칠십 대
소리소리 고래 소리 육시랄 욕이나 팔고
카세트 메고 지팡이 든 검은 안경 쓴 장님

테입 소리에 입 맞춘 립싱크 팔고
손수레에 커다란 종이 상자 묶은 장사치
부도난 회사 물건인 양 중국산 싸구려 물건 팔고
긴 의자에 드러누운 주정뱅이
막걸리 몇 잔에 흥얼흥얼 잡것 냄새 다 파는데
이것저것 아무것도 팔 것 없는 이 몸은
사르르 아려오는 아랫배 힘 조절하고선
한 무더기의 매탄가스 슬며시 팔아본다

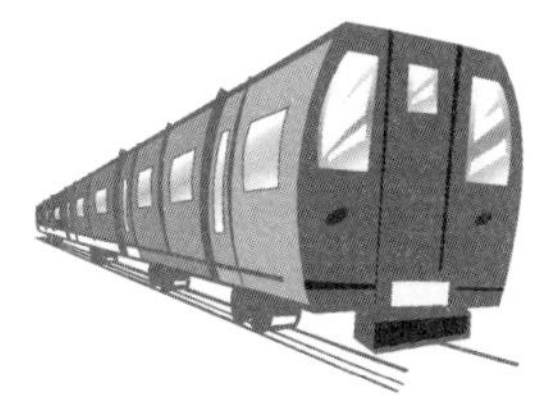

난지도의 분노

쓰레기 쌓아두면 분노인 걸
난지도의 태산은 다 알고 있어
버리면 버린 만큼 커져가고
주체하지 못한 분노는 찢어지고 곪고 터져
코스모스 무덤으로 승화되었다는 걸
꽃 찾아 날아든 수많은 잠자리도 물론 알아
깊은 산중에 묻혀 사는 노승도
쓰레기 될까 장작불로 열반하시고
십자가에 못 박힌 예수도
육체의 쓰레기로 남을까 부활하셨는데
정작, 하잘것없는 우리네들은
뭐가 그리도 좋아 남기고 가려는지 몰라
난지도가 검은 사랑의 씨앗 되고 변심할 때
또다시 그 분노는 잉태하고 이어진다는 것을
시뻘건 침출수들도 그렇게 말하고 있어
진노한 어둠이 길 잃고 헤맬 무렵, 차라리
따스하게 기댈 언덕이나 만들어줘 봐
다정히 쓰다듬어 주기라도 해봐
재앙이 오기 전에

비 냄새

지은이 : 정다운(딸)

비 냄새를 구분한다면

춘삼월 주룩주룩 내리는 비는
살랑살랑 처녀 가슴에 구멍 뚫리는 냄새
오뉴월 오락가락하는 비는
바람난 총각 양다리 걸치는 냄새
가뭄 끝머리 흙먼지 풀풀 날리는 비는
초년생들의 오이같이 풋풋한 냄새
하염없이 주룩주룩 내리는 비는
시집 못 간 채 죽은 처녀귀신 냄새
밤새도록 천둥 번개에 좍좍 퍼붓는 비는
정열적인 남정네의 끈적끈적 발정 난 냄새
볕 쨍쨍한 날, 호랑이 장가가는 비는
원두막에서 후다닥 사랑놀이한 냄새
논둑 터지도록 내리는 칠팔월의 폭우는
넋 놓고 한숨만 짓는 농사꾼 냄새
늦가을 어깨 촉촉이 적셔주는 보슬비는
외기러기 심장 녹이는 짝사랑 냄새
계절 잊은 채 추절추절 내리는 겨울비는
노처녀 노총각들 건넌방 숯불 화로에 둘러앉아
고구마에 감자 익히며 오순도순 눈 맞추는 냄새

엉덩이도 참 여러 가지야

지은이 : 정다운(딸)

길 걷다 보면,
엉덩이 종류 참 많지

갓 피어난 소녀의 동글동글 방덩이
물오른 아가씨의 둥글둥글 방뎅이
한 뼘 내려앉은 미시족의 두루뭉술 응뎅이
펌퍼짐한 아지매의 응등이
잔득 쪼그라진 할매의 쭈굴뎅이
생기다 만 사내아이의 빈덩이
여드름 투성이 사춘기 머슴아의 빈뎅이
근육질 숫총각의 울퉁불퉁 웅뎅이
노랑머리에 청바지 젊은이의 웅등이
칠부머리 넥타이 아저씨의 웅덩이
살 빠져 뼛골만 앙상한 할배는
그야 할매 꺼와 같지 뭐!

삶에 대한 깊은 철학으로 설계된 사유(思惟)의 집 한 채

— 정범식의 시집 『홀로 왔으니 나그네 아닌가』는 관조의 미학 꽃 피운 결정체

이끌림(문학박사 · 문학평론가)

1. 비워냄의 철학, 사유(思惟)의 세계를 구축한 관조의 미학

한국 현대시단의 거봉인 박목월 시인은 인생을 '나그네'에 비유했다. 박목월 시인 이후, '나그네'에 대하여 그 어떤 시인도 제대로 표현한 적이 없을 만큼 박목월 시인의 '나그네론(論)'은 지금까지도 많은 독자들로부터 사랑받고 있을 뿐 아니라 대중들에게 회자되고 있는 것이 사실이다. 그럼에도 그 '나그네'를 새롭게 바라보고 더 사유(思惟)하게 만드는 작가가 나타났으니, 그가 바로 정범식 시인이다.

'虎死留皮 人死有名(호사유피 인사유명)'이란 글이 있다. 즉, '호랑이는 죽어서 가죽을 남기고, 사람은 죽어서 이름을 남긴다'는 뜻이지만, 시인은 다르다. 시인은 죽는 것이 아닌 자신의 시혼(詩魂)을 불태워 저 하늘에 빛나는 별로 다시 태어나는 것이다. 시인은 결코 죽지 않는다. 지상에서 가장 따스한 풀잎들의 심장이 되어 이슬과 함께 별빛을 불태우는 자양분으로 다시 태어나는 것이다.

정범식 시인은 이제 매일 밤, 지상의 풀잎들에게 별빛처럼 나눠 줄 수 있는 상상력이라는 무한의 에너지를 쏘아 올리고 있다. 세상의 모든 이치가 자신을 비울수록 세상을 더 수용할 수 있다. 아울러 세상을 움직일 수 있는 감동의 동력도 뽑아낼 수 있는 것이다. 시인에게 조금의 욕심도 발견할 수가 없다. 오히려 현실로부터 더 이탈하여 벗어나서 바라보려는 관조의 미학마저 느끼게 해주고 있다. 그러한 모습이 정범식 시인의 매력 중에 하나이다. 그러한 모습의 바탕에는 서정성이 뒷받침되고 있기 때문에 가능한 것이다.

시인은 서정적 감각이 탁월한 작가이다. 「나그네들아!」에서 그와 같은 미감을 확인할 수 있다.

> 나그네들아! / 어디로 가고 있는고 / 뜻대로 아니 온 세상 / 짧디짧은 동지섣달의 하룻밤 같은 삶 / 몇십 바퀴 구르고 또 굴러보지만 / 돌아보면 원점인 듯 또 그 자리에 서 있고 / 그러게, 기껏 다람쥐인 양 쳇바퀴만 도는구려 / 짙은 안개 속 너무도 깜깜한 밤 / 어디로 가야 할지 방향조차 잃어 / 깊은 산중을 헤매고 헤매이다 보니 / 철 지나 살 가르는 찬 바람 불어오고 / 무싯(無市)날 우두커니 홀로 서 있다가 / 한날, 대지의 밑거름이나 되어야 할진대 / 굳이 고인 물 만나지 아니하더라도 / 어차피 이런저런 이유로 병들고 썩을 것을 / 나그네들아! / 처음만 있고 마지막은 없어도 좋으련만 / 가야 할 그 끝은 진정 어디쯤인고
>
> —「나그네들아!」 전문

삶에 대한 깊은 성찰을 통해, '짧디짧은 동지섣달의 하룻밤 같은 삶' 과 표현처럼 노자의 공(空)사상을 접목시키

는 독자적인 경지를 확보하고 있으며, '다람쥐인 양 쳇바퀴만 도는구려'의 질타 섞인 어법으로 시상(詩想)을 활달하게 전개하고 있다. 이는 철학적 사유를 운용하게 만드는 요소로 작용하고 있다. 「고추잠자리」에서는 또 다른 모습을 발견할 수 있다.

> 저마다의 가을걷이에 / 황금벌판 텅 비어가고 / 때 이른 무서리 저 홀로 남아 / 추위에 으스스 떠는데 / 눈망울 커서 슬픈 넌 / 정오의 따스함 그리워 / 담장 곁 장독대 위 애써 찾아보지만 / 미풍(微風)에도 힘에 겨운 듯 / 날갯짓 파르르 너무도 안쓰럽구나 / 쫓기어가는 육체야 그저, / 구름으로 바람으로 떠돌다가 / 산모퉁이 돌아 양지바른 곳 찾아 / 흙으로 돌아가면 그만이겠지만 / 복받쳐오는 이 서글픔은 어찌할거나 / 그 누가 위로해 줄꼬 / 눈시울조차 앞 가리우니 / 어드메로 갈꺼나 / 어드메서 반겨줄꺼나
>
> —「고추잠자리」 전문

초월적 기표인 고추잠자리를 통해 시인 자신 또는 그리움에 대한 분출구로써 내면에 쌓인 카타르시스와 절정의 마그마를 토해내고 있다. 시인은 감정이입의 달인이다. '따스함 그리워', '너무도 안쓰럽구나', '복받쳐오는 이 서글픔', '그 누가 위로해 줄꼬' 등과 같은 표현이 이를 반증해 주고 있다. 모던(Modern) 세대들은 낯설고 여행을 좋아하는 특징을 갖고 있다. 이 모던 세대들과의 소통을 고추잠자리라는 초월적 기표로 시도하고 있다는 점이 주목할 만하다. 시인의 다른 작품인 「그냥 가시구려」는 더 중후한 모습으로 다가오고 있다.

나그네들이여! / 부디, 무심히 그냥 가시구려 / 한 걸음 한 걸음 조심하면서 그냥 가시구려 / 우리네 인생 한낱 미물인 거 / 지나고 나면 꿈처럼 허망(虛妄)한 거 / 있어도 없는 듯 변변찮은 거 / 그리도 찾던 이름 석 자와 명예 / 세월 앞에서는 그저 공(空)일진대 / 이왕이면 잡풀 하나 건드리지 마시고 / 발자욱조차 남기지 않은 채 그냥 가시구려 / 마치 처음인 양 아무도 지난 적 없는 / 언제였던가 하는 기억들 / 어차피 아무것도 없었던 거외니 / 무시하시고 사뿐사뿐 그냥 지나치시구려 / 나그네들이여! / 그저 그렇게, 말없이 그냥 가시구려

—「그냥 가시구려」 전문

인간은 우주에서 태어난 허무한 존재이다. 그 인간의 태어남 자체를 허무의 존재로 바라보는 것이 바로 비워냄과 관조미학의 출발점인 것이다. 또한 '지나고 나면 꿈처럼 허망(虛妄)한 거', '어차피 아무것도 없었던 거외니' 등과 같이 반복되는 시어들로부터 공(空)사상이 투영되고 있음을 알 수 있다. 이는 삶에 대한 집착을 승화시켜 극복하는 무소유의 전형으로 볼 수 있는 것이다.「이름 없는 무덤」에서 더 구체적인 모습을 확인할 수 있다.

거기 누워 계신 분은 누구십니까
말씀 낮추세요
제가 조카뻘라우

그 옆 무성한 수풀 쓴 자넨 누군고
예끼 이놈!

버르장머리 없는 것 같으니
네 고조할애비란다

듬성듬성 갓 잔디 심은
거기 묘는 누구 것입니까
아! 이건,
머지않아 잠자리 들어야 할
그대의 안식처라우

「이름 없는 무덤」 전문

삶과 죽음의 경계를 무너뜨리며 넘나드는 해학적인 어투는 삶을 극복할 뿐만 아니라 일상을 초월하고 있는 시인의 자세를 엿볼 수 있다. 시인은 '자연의 순환과 순리' 라는 궁극적인 목적을 지향하며 일상과의 일정한 거리를 유지하고 있다. 두 명의 화자(話者)가 주고받는 대화체 속에서 시인 자신만의 독특한 체험과 독자적인 어법이 확보되고 있다. 한편, 이 시의 화자 중의 하나인 익명의 화자(이름 없는 무덤의 주인)로부터 '머지않아 잠자리 들어야 할 / 그대의 안식처라우' 라고 진술되는 어투에는 죽음으로부터 결코 자유로울 수 없는 인간의 실존을 어필하고 있다. 즉, 죽음이란 어느 누구나 피할 수 없는 '자연의 순환과 순리' 라는 사실을 역설적으로 드러내고 있는 것이다.

2. 인간 본질의 자아 탐구를 통한 친자연주의 사상 구축

루소는 '자연으로 돌아가라' 고 강조한 바 있다. 마찬가지로 시인은 인간성 회복의 자아 탐구를 주된 관심으로 표출하고 있다. 그 관심은 항상 자연을 향해 용솟음치고 있는 것이다. 자연은 별개로 존재하는 것이 아니라, 인간의 삶 속에 가공되지 않은 진실을 바탕으로 한다. 그 진실은 결코 새롭고 낯선 것이 아닌 본래부터 인간 삶 자체에 내재된 품성인 것이다.

대상을 통해 친자연주의를 구현하고 있는 작품이 「달팽이의 삶」이다.

> 뒷동산의 달팽이 한 마리가 / 나무 밑동의 갓 싹튼 연한 잎 찾다가 / 별안간 내린 가랑비에 하염없이 떠내려가는데 / 빙글 뱅글 구르고 엎어지고 깨어지고 / 힘겹다 힘에 겹다 사는 것이 힘겹다더니 / 멀고도 먼 어느 낯선 땅에 불시착하더란다 / 양지바른 곳들이야 힘센 자들의 차지 / 멸시에 눈총의 시달림 두렵기까지 하건만 / 눌러앉으면 타향도 고향 된다고 / 그놈의 삶 별거더냐 싶어 / 음지 한구석에 허름한 오두막 지어놓고 / 외롭다고 그립다고 처자식 이루고 살았건만 / 찾아오는 거라곤 오십견에 황량한 주름살뿐 / 목마른 가슴 채울 길 없을까 뒤돌아다보는데 / 뜻밖에도 머물렀던 그 자리 그 언저리엔 / 향수에 젖은 채 지그시 눈감은 신기루 있어 / 그 언제나 찾으려나 / 내 고향(故鄕) 그 뒷동산!
>
> —「달팽이의 삶」 전문

인용된 달팽이의 삶은 현대인의 삶과 같다. 이는 많은 도시인들이 자신의 자유의지와는 상관없이 불시착하는 삶의 노정을 재조명하고 있는 것이다. 낯선 타향에서 정착해야 하는 도시민들의 고뇌를 잘 형상화하고 있다. 달팽이의 삶도 사실 나그네의 전형이라 볼 수 있을 만큼 매우 뛰어난 수작 중에 하나이다.

'달팽이의 삶' 과 유사한 작품이 「버려진 화분」이다.

주택가 골목 쓰레기장에
한 무더기의 죽음들이 싸늘히 누워 있다
늦가을의 어둑한 새벽 찬 기운에
혹시 때늦은 건 아닐까 싶기도 했지만
그 누가 볼세라 거리의 천사 되어
연줄 하나를 가슴에 얼른 품고 말았다
내 창가의 양지바른 곳
한동안의 정성과 보살핌도 무색하게
파르르 떨던 잎새마저 소리 내어 신음하고
숨결조차도 가늘어지던 그 어느 날
하늘도 노심초사(勞心焦思)했을까
앙상한 가지 틈새 사이사이에서
눈물 가득 안은 새싹들이 새록새록
저물어가는 겨울 햇살도 새삼 놀라
연거푸 거품 물고 다가옴에
그렇게 다시 태어난 버려진 화분은 분명,
나를 닮은 짙푸른 영혼이어라

—「버려진 화분」 전문

'버려진 화분' 은 '한 무더기의 화분' 이란 공식이 성립된다. 이와 같은 설정은 떠돌이, 나그네와 같은 삶과 동일시하는 화법이다.

한낱 식물에 불과하더라도 생명은 존귀하고 소중한 존재임을 은연중에 알리고 있다. 약한 존재일수록 더욱더 보호받아야 한다는 논리까지 포함되어 있는 것이다.

'나를 닮은 짙푸른 영혼'이란 표현처럼 시인 자신 또는 1인칭 화자와 같은 처지로 귀결시키고 있는 그 이면에는 현대인들의 고된 일상을 감지할 수 있다. 그 고된 일상은 「옥수수 파는 할머니」에서 더 심화된 모습으로 나타난다.

> 전철역! 80세는 족히 넘을 성싶은 할머니 / 굽은 허리, 까만 주름살에 세월이 숱하다 / 비닐봉지에 옥수수 세 개 넣고서는 / 지나는 사람마다 옷깃 붙잡고 애원한다 / "이천 원! 한 봉지 팔아주구려" / 두 아들 유학 보낸 지 어언 40여 년! / 연락은커녕, 돌아온 거라곤 / 기구한 목숨이나 연명하라는데 / 그 나물에 그 밥이련가 / 어릴 적에 맡겨진 배다른 손자(?)란 놈은 / 허구한 날 낮술에 흥청망청 찌들어 있고 / 쌈짓돈 뜯어내려 좌판 때려 부수고 행패질이다 / 그토록 억울하고 기막힌 사연은 / 언제부턴가 시름시름 앓아눕고 / 음력 설 앞둔 따스한 어느 겨울 햇살 아래에서 / 지나는 전동차에 비명으로 내던져지는데 / 벌겋게 녹슨 난로엔 타다 남은 연탄재와 / 이천 원짜리만이 주인 잃고는 쓸쓸히 식어가고 / 몹쓸 한(恨)은, 그렇게 / 하얀 비수(匕首) 되어 전철역을 배회하더라
>
> ―「옥수수 파는 할머니」 전문

인용된 작품을 통해 전통적인 휴머니즘(모성애)과 서구의 합리주의(개인주의)와의 충돌을 경험할 수 있다. 서구로 유학을 떠난 자식들의 사고(思考, 자기중심주의)와 전통적인 가치관(부모의 자식에 대한 헌신적 사랑)과의 괴리 현상을 엿볼 수 있다. 즉, 부모에 대한 자식들의 무관심은 사회적 문제를 야기하고 있음을 암시해 주고 있다.

시인의 질타 속에는 오늘날 우리 사회를 향해 인간성 회복과 인간애를 동시에 부르짖고 있는 것이다. 시인은 그러한 부르짖음 가운데서도 「카푸치노 한 잔」의 명상을 마다하지 않는 여유까지 구비하고 있다.

또 하루가 사르르 숨 거두려 하고
저녁노을이 피곤으로 엄습하려 할 때
난 널,
깊은 숲 속의 백설공주보다도 더 귀하게 여기며
내 낙원 속으로 황홀하도록 초대해 주지

공허한 외로움이 어둠 되어 몰려오고
삶마저도 의미 없는 슬픔으로 찾아오려 할 때도
난 널,
〈애인〉이란 영화의 여주인공보다도 더 사모하며
아스러지도록 내 가슴속으로 꼭 품어주지

오늘 밤처럼 내 창가에
뽀얀 성에 되는 보슬비 내릴라치면
난 널,
학창 시절 우산 하나 던지듯 안겨주고 달아나던
어느 여학생의 묘한 감정으로 여기며
감미로운 내 입술로 살그머니 보듬어주지

그래,
내가 널 보면서 즐거워하는 이유는
너의 향기와 아름다움에 취한 때문이고
주체할 수 없는 내 욕정 숨길 수 없음이겠지
아니지,

내가 이리도 널 느끼며 흠모하는 것은
네가 날 너무도 유혹하기 때문이었고
내 오감을 자극함에 참을 수 없기 때문이었지
그러는 넌, 분명코
진하디진한 카푸치노 한 잔 속에 숨어버린
하얀 거품 속의 마약
헤어날 수 없는 백색의 마약이지

—「카푸치노 한 잔」 전문

국산차를 애용하는 사람과 커피만을 애용하는 사람들의 모습은 좀 다른 면이 있다. 보편적으로 국산차를 좋아하는 사람들의 경우 분노의 마음을 가라앉히고 안으로 다스리는 방식에 익숙해져 있다. 반면에 커피 애호가들은 매우 감상적이며 직설적인 표현을 더 즐겨 사용한다. 인용된 카푸치노 커피에 대한 명상은 양자의 장점을 모두 접목시킨 가운데, 내면에 쌓인 사람에 대한 그리움과 애정을 분출시키는 출구 역할을 하고 있다는 점이다. 사람을 향한 그리움은 끝이 없지만 시인은 이별을 예감한다. 그 이별은 쿨(Cool)한 이별이 아닌, 아름다운 이별을 말한다. 「헤어진다는 것은」에서 시인의 따뜻한 가슴을 만날 수 있다.

헤어진다는 것은 / 살아 있는 까닭입니다 / 언제였느냐보다는 / 어떠함이 보다 중요하지요 / 남아 있어야 할 흔적을 위해 / 이왕이면 가장 아름다운 모습일 때 / 헤어졌으면 좋겠습니다 / 조금은 아파하고 / 조금은 더한 슬픔에 / 목이 멜 수도 있겠지만 / 그리 길지는 않을 것입니다 / 따지고 보면 그것은 / 새로운 인연의 시작이지요 / 헤어진다는 것은 / 먼

훗날 다시 만날 수 있음에 / 정말로 흥분되고 / 가슴 벅찬 기다림일 것입니다

—「헤어진다는 것은」 전문

모 영화의 제목처럼 '박수칠 때, 떠나라' 라는 말이 있다. 사랑하고 사랑받는 사람들만이라도 최상과 최고의 이미지로 기억되고 싶다는 역설의 어법을 말한다. 시인은 만남보다 헤어질 때가 더 중요하다는 것이다. 즉, 아름다운 이별의 중요성을 강조하고 있다.

3. 삶의 엑기스를 뽑아 올린 절정의 언어

세상에 나타나는 모든 현상을 시인은 본질로 파악하고 있다. 패션은 유행이며, 한낱 허상에 불과한 모습이라고 단언할 정도로 시인은 해탈의 경지에서 세상을 바라보며 노래하고 있는 것이다.

시인의 관심은 허무가 아니다. 사람이며 자연이다. 사람이 태어난 곳도, 결국 돌아가야 할 곳도 자연이라는 것이다. 자연의 순리를 제대로 알고, 그 이치를 따르자는 의미이다.

「가을 저무는 길목에서」 이를 확인할 수 있다.

가을 저무는 길목에서 / 짙은 산노루 향 흩날리며 / 곱살스런 햇살 타고 온 그대는 / 가슴 찡한 단 한 번의 윙크와 / 꿈속인 양 몽롱한 콩깍지 씌워놓고선 / 북풍 따라 매몰차게 떠나버리고 / 남발한 언약들만이 저 홀로 되어 / 갈 길 잃은 채 괜한 신세타령인데 / 싸늘하게 식어간 그대 손길은 / 머지않아 떠돌아다닐 이내 영혼 / 코앞에 다가온 몹쓸

나의 영상일 터 / 아무렴! 아무렴 어련할까 / 곁가지에 대롱대롱 매달렸다가 / 오래전 내 아버지 앞에서 울먹이다 돌아선 / 그 허무(虛無)인 걸, 내가 아는데 / 언젠가 본 영화의 한 장면과 같이 / 매캐한 군불 되어 태워지고 사라지는 / 아득히 먼 기억 되는 걸, 모두가 아는데 / 가을이 저무는 길목에서

—「가을 저무는 길목에서」 전문

'가을 저무는 길목에서' 는 '군불 되어 태워지고 사라지는 길' 을 뜻한다. 이는 가을 낙엽을 태우는 모습과 한 줌 재로 돌아가는 세상이 클로즈업되는 동시 효과를 자아낸다. 시인은 사색과 반성을 통해 가을 저녁 개척한 사유의 영토를 일구고 있는 것이다. 시인은 이러한 사색의 모습뿐 아니라, 「난지도의 분노」에서는 환경 오염과 환경 문제에도 시선을 돌리고 있다.

쓰레기 쌓아두면 분노인 걸 / 난지도의 태산은 다 알고 있어 / 버리면 버린 만큼 커져가고 / 주체하지 못한 분노는 찢어지고 곪고 터져 / 코스모스 무덤으로 승화되었다는 걸 / 꽃 찾아 날아든 수많은 잠자리도 물론 알아 / 깊은 산중에 묻혀 사는 노승도 / 쓰레기 될까 장작불로 열반하시고 / 십자가에 못 박힌 예수도 / 육체의 쓰레기로 남을까 부활하셨는데 / 정작, 하잘것없는 우리네들은 / 뭐가 그리도 좋아 남기고 가려는지 몰라 / 난지도가 검은 사랑의 씨앗 되고 변심할 때 / 또다시 그 분노는 잉태하고 이어진다는 것을 / 시뻘건 침출수들도 그렇게 말하고 있어 / 진노한 어둠이 길 잃고 헤맬 무렵, 차라리 / 따스하게 기댈 언덕이나

만들어줘 봐 / 다정히 쓰다듬어 주기라도 해봐 / 재앙이 오기 전에

—「난지도의 분노」 전문

시인은 생태 파괴에 대한 강력한 경고 메시지를 보내고 있다. 이는 곧 환경오염에 대한 경종을 울리는 전언(傳言)인 것이다. '주체하지 못한 분노', '십자가에 못 박힌 예수도 / 육체의 쓰레기로 남을까 부활하셨는데', '재앙' 등의 표현에서 이를 확인할 수 있다. 시인의 시선은 '공(空)' 사상에 머물지 않고 인류애 또한 지향하고 있기 때문에 시적 진술이 가능한 것이다. 「등대」에서는 시인의 예리한 관찰력을 음미할 수 있다.

망망대해! / 거친 바람에 달빛 창백히 일그러지고 / 파도 소리에 귀 멀어버린 일상은 / 벙어리 냉가슴 되어 앓다 가는 / 긴 행려 되어 떠나간 등대지기 따라갔지 / 절망조차 찾기 힘든 이곳엔 / 갈매기들만 유일하고 / 몸서리치는 외로움 헤집은 그들은 / 날갯짓 허덕이며 어찌할 바 몰라 / 삼삼오오 모여앉아 멍든 가슴 풀어헤치고는 / 허접한 독백들 밤새 토해놓지만 / 고된 하루의 여운 또 밝아오고 / 벌겋게 타오르는 수평선 건너엔 / 바라보기조차 남루한 어부 위태로운데 / 행여, 슬픈 귀향이나 될꺼나 / 안타까운 마음 조아리다 가는 / 지키는 이, 저 홀로임을 잊었는가 / 아침 햇살 속으로 스르르 눈감는다

—「등대」 전문

거칠고 비릿한 삶의 현장 속에서 본연의 모습을 잃지 않고 살아가는 우리 시대 작은 영웅들의 자화상을 그려내고 있다.

생계의 터전에서 벌어지는 온갖 삶은 누구나 힘들기 마련이다. 그러한 힘든 삶의 여정에서도 흔들리지 않고 자신의 일에 충실한 현대인들의 애환과 정서를 비유한 생동감 넘치는 작품이 아닐 수 없다.

「생명의 끈」에서는 인간의 존재인식을 각인시켜 주고 있다.

> 사그라져가는 생명을 / 몸소 체험한 적 있습니까? / 생명 얼마 남지 않았다고 / 사형 선고라도 받아본 적 있으십니까? / 그래서, 산다는 의미를 / 뼈저리게 느껴본 적 있습니까? / 그런 생명 하나 살리려고 한 / 어느 귀한 분이 계셨습니다 / 글로 표현하기엔 감히, / 너무도 작고 빈약한 사실이기에 / 어쩜, 그분을 욕되게 할 수도 있겠지만 / 자신의 육체 일부를 바친 / 그토록 어려운 결정을 하신 그분은 / 진정한 나이팅게일이었습니다 / 몸으로 실천하신 그리스도였습니다 / 죽어서도 갚지 못할 그 용기 앞에 / 은혜 입고 죄지은 그 사람은 / 고맙고 또 고마워할 따름입니다
>
> —「생명의 끈」 전문

시인은 인간의 존재 의미를 한 번쯤 생각하게 만든다. 인간은 태어나면서부터 사형선고를 받고 태어난다. 언젠가 죽어야 하는 선고인 셈이다. 그래서 생명은 귀한 것이다. 그 귀한 생명을 위해 헌신한 성인(聖人)을 통해 시인은 인간의 존재 의미를 부각시키려 하고 있다. '나이팅게일',

'그리스도'의 초월적인 사랑을 예찬하고 있다.

시인의 인간 존재 의미는 본질적인 자아회복을 전제로 「지하철 안의 풍경화」에서 발화되고 있다.

지하철 안은 재래시장

등 굽고 키만큼의 큰 배낭 지고는
칡뿌리로 세월 파는 할머니
훔쳐보는 뭇 사내들 시선 즐기면서
얇게 비치는 티셔츠에
터질 듯 늘씬한 몸매 파는 미니스커트 아가씨
무슨 사연일지 모르지만
깊고 긴 한숨 내쉬는 아낙네 옆엔
쉼 없이 조잘거리는 십 대 여고생들
귀청 따갑도록 싱그러운 청순 팔고
터벅머리 이십 대 젊은이
어른신들 눈 부라리는 노랑머리 팔고
번지르르한 머리 삼십 대 회사원
방금 먹은 듯 묵은지 김치 냄새 팔고
짙은 화장의 사십 대 아줌마
여우 털 목도리에 싸구려 향수 냄새 팔고
깊은 주름살에 양복 입은 오십 대 신사
사기꾼에 퇴직금 날린 산전수전 다 팔고
세월 지난 핸드폰 켠 육칠십 대
소리소리 고래 소리 육시랄 욕이나 팔고
카세트 메고 지팡이 든 검은 안경 쓴 장님
테입 소리에 입 맞춘 립싱크 팔고
손수레에 커다란 종이 상자 묶은 장사치

부도난 회사 물건인 양 중국산 싸구려 물건 팔고
긴 의자에 드러누운 주정뱅이
막걸리 몇 잔에 흥얼흥얼 잡것 냄새 다 파는데
이것저것 아무것도 팔 것 없는 이 몸은
사르르 아려오는 아랫배 힘 조절하고선
한 무더기의 매탄가스 슬며시 팔아본다

—「지하철 안의 풍경화」 전문

지하철 풍경은 서울의 일상 중에 하나이다. 시인은 인용된 작품을 통해 우리 시대 세일즈 문화의 변증법적인 단면을 해학적인 어투로 과감하게 진술하고 있다.

'빨리빨리' 에 익숙해진 현대인들에게 실종된 자아를 되찾아야 한다는 미학까지 포함되어 있다. 시인의 이러한 몸부림은 멈추지 않고 진행되는 공기의 흐름과 같다. 자칫 물질만능주의에 오도되기 쉬운 인간의 순수성을 상실하지 않고 살아가야 한다는 메시지인 셈이다.

시인은 「제부도」에 이르러 절정의 미적 감각을 꽃피우고 있다.

늦팔월 제부도의 해거름 / 타다 남은 태양은 / 목선들을 주렁주렁 매달고는 / 그 무게 못 이겨 깊은 수렁으로 빠져든다 / 한 접시의 회인 양 생명을 다한 제부도는 / 길 잃은 철새들의 길잡이나 하려 드는데 / 시샘하듯 잔잔하던 수평선은 / 진주홍빛 잉크를 잔득 뿌려대고는 / 첫날밤 맞이한 새색시 홍조이련가 / 황홀함에 스스로 놀라 까무러치고 만다 / 너무 이른 저녁임을 잊었는가 / 바다 건너 먼 육지 굴뚝엔 / 시부모님 저녁 상차림의 분주함에 / 흰 연기 모락모락 피어나고

/ 깊은 바다에 빠진 채 허우적이는 노을은 / 서울 간 첫째 아이 등록금 걱정에 / 애타는 어부의 마음 아는지 모르는지 / 무심(無心)하게도 / 긴 시름 까맣게 까맣게 타들어간다

—「제부도」 전문

선명한 이미지는 곧 화질 좋은 집 한 채를 선사한다. 마치 이미지로 쌓아올린 서정의 집 한 채를 통째로 공유하는 것과 다를 바 없다.

'타다 남은 태양은 / 목선들을 주렁주렁 매달고' 와 같은 표현은 신선한 언어들이 그물에 건져 올려지는 것을 연상하게 만든다. 한마디로 「제부도」는 이미지의 결정체이다.

시인은 이미지의 천재적 기질을 갖고 있다.

그러한 이미지적 장점을 특화시켜 서정적으로 변모시키고, 다시 공(空)사상이 투영된 초월적 인식을 보여주고 있다.

밤하늘을 새롭게 수놓을 별이 탄생된 것이다.

그 별과 함께 태어난 별빛을 경험할수록 카타르시스의 오랜 전율이 몸속에 남겨질 것이다.

문학세계대표작가선 543

홀로 왔으니 나그네 아닌가

정범식 제2시집

인쇄 1판 1쇄 2008년 5월 9일
발행 1판 1쇄 2008년 5월 15일

지 은 이 : 정범식
펴 낸 이 : 金天雨
펴 낸 곳 : 문학세계 출판부/도서출판 天雨
등 록 : 1992. 2. 15. 제1-1307호
주 소 : 서울시 성동구 하왕십리동 966-23 금룡B/D 2F
전 화 : 02)2298-7661
팩 스 : 02)2298-7665
http://www.moonhaknet.com
E-mail : ing@moonhaknet.com

값 6,000원

ISBN 978-89-7954-389-6